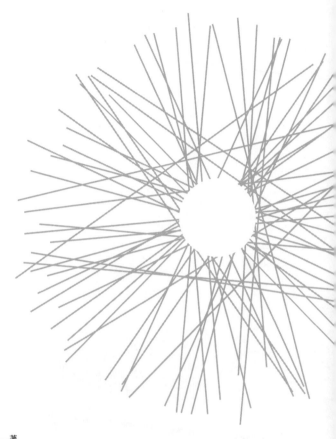

釋繼程——著

禪悟之道

〔自序〕禪悟之道

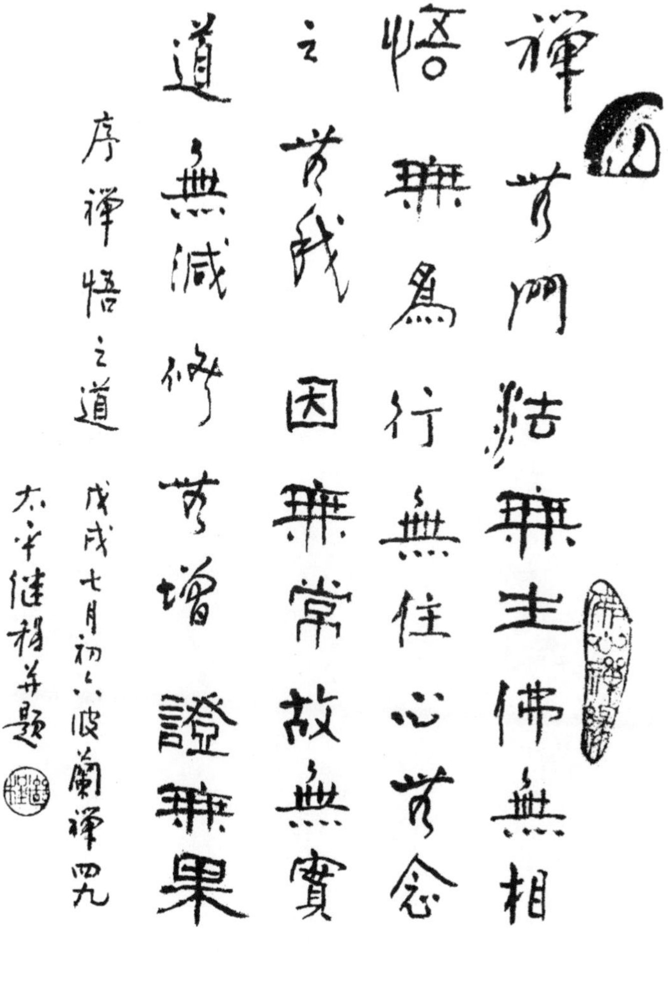
禪有門結無主佛無相
悟無為行無住心有念
之有我因無常故無實
道無滅修有增證無果
序禪悟之道
戊戌七月初六波蘭禪四九
太平健程并題

目錄

〈自序〉禪悟之道　003

〈前言〉**珍惜共修因緣**　013

僧眾，承擔佛教傳承的責任　016

自己受用，方能分享禪的好處　018

禪修是出家生活的核心　020

〈第一講〉**調整身心，準備禪修**　023

禪坐三過程：入靜、止靜、出靜　025

每一個過程，保持覺知　028

慣性變惰性，易失去覺照的心　033

從「惰」到「墮」的原因　035

037 對身體逐一審視和調整
040 好香、壞香，工夫照常

〈第二講〉修行的態度
043 修出心的本然性功能
046 生命疑情啟動自覺
048 對修行的認知和現實有落差
052 修行必依法而修
055 依當下身心情況來調和
058 一念自覺，即回到當下的專注
061

〈第三講〉禪修以方法為正念
065 設定用功的目標——保持正念
069 所謂用功即持續用方法
072 止與觀是一體的運作
076 默與照是同時作用
080

動中修是中國禪宗的特色 082
定慧一體所產生智慧的功能 084
直觀的當下照見空性 088
〈第四講〉禪法的修習次第 091
中國佛教的特質在禪 093
進禪堂的資格審核 096
中國禪法有完整的次第 099
中國禪法以化繁為簡為特色 101
中國禪法有完整的系統 105
用念話頭、數話頭為安定方法 107
要有生命疑情為基礎 109
沒有生命疑情，難提話頭 113
從念話頭到問話頭 115

〈第五講〉放鬆身心，只管打坐 119

身體要放鬆不用力 122
以七支坐法調身 125
放鬆是調身心最基本工夫 128
呼吸是最好的所緣境 131
心凝聚在專注與覺照 135
不貪著於定 137
中國禪宗不強調深定 140
憶念的觀法 143

〈第六講〉話頭方法的運作次第 149

明辨妄念和用方法 152
方法愈用愈簡單 155
話頭運作不斷往內參 160
切斷思惟，打破慣性 163

身心安定才用話頭 166
生命疑情非來自想，而是從心起 169

〈第七講〉話頭的用功技巧 173
中文特有的話頭 175
禪宗特有的公案 176
一切眾生皆有佛性 179
評斷對修行的體驗 182
禪宗善用文字 187
一個話頭參到底 188
循著直覺的方式用功 191
回到自身問話頭 194

〈第八講〉對因果、空性的體悟 197
悟道符合因果 200
空是一切法的本性 201

不執著緣生緣滅，不再輪迴 207
了解因果，接受業報 209
相信因果的深度即智慧的程度 212
建立因果知見的正確禪修 214
因果正常，生活正常 216

〈第九講〉禪宗教法特色與開悟迷思 219

開悟並不神祕 221
南傳禪法的十六特勝 224
慢步經行觀生滅 227
爆炸性的方法 228
禪修的平原期 230
禪師的善巧和風格 233

〈第十講〉禪修悟道的歷程 237

莫追逐開悟 240

悟是清淨自性的流露 241
得到究竟的樂 245
修行過程不斷地放下 247
禪的工夫要落實於生活 253
為弘法利生而努力 255

〈第十一講〉**開悟要破我見、證空性** 257
開悟典故出自《法華經》 259
三乘終將歸於大乘，入佛知見 266
本來面目，即空性，即佛性 268
轉迷為悟破我見 270
突破性的開悟 273
根本的悟是破我見、證空性 276

〈第十二講〉**掌握佛法原理如實修** 279
根本開悟，解脫生死 281

掌握修行的原理 284
領悟佛的知見證空性 286
佛法對機而說 289
把握修行核心，回到佛法原理 291
大乘三系各有善巧度眾生 293
引導人們認識空性 299
解行並重，踏實用功 302

〈前言〉

珍惜共修因緣

在中國佛教裡，禪修原本就是叢林的核心，凡是規模大的寺院以及禪宗道場，均設有禪堂，可以說「禪堂」一詞，就是漢傳佛教的特色。

包括法鼓山在內的臺灣佛教禪堂裡，均是以釋迦牟尼佛為禮拜的對象，但是中國大陸的禪堂，則是沿襲過去的傳承，有的不設佛像，有的只設祖師像，換言之，中國的禪堂是有別於佛殿及法堂，而特別再設立的一個道場空間，專門做為禪修之用，以供叢林住眾使用。一個以禪堂為中心的叢林，每天都有出家眾在此禪修，例如年底的冬安居，或七個七的禪修課程，參與者大部分以出家眾為主；不過現在大陸的一些叢林所舉辦的禪修活動，也開始對在家眾開放了，但不論如何，基本上的禪眾，還是以出家眾為主。

如果從我們法鼓山的共修情況談起，再略述不同地區佛教共修的狀態，可以發現從古到今，從東到西，許多共修的情形都經歷調整，但不論如何改變，身為出家人當然要以修行為重，而法鼓山的修行則是以禪修為中心，既然諸位在此出家了，就要重視「禪修」這一個修行法門。

僧眾，承擔佛教傳承的責任

佛教之所以能夠傳承至今，僧眾可說是維繫命脈的中心。歷史上舉凡有法難發生，首當其衝的一定是出家眾，換言之，興起法難的那些人，想鏟除對象一定是出家眾，因為若要滅佛、滅法，首先就要消滅做為整個佛教中心與命脈傳承所依的「僧」。由此可見，僧眾在佛教裡所扮演的角色有多麼重要了。要讓佛教法脈久住世間，身為出家眾的我們，就必須荷負起共承法脈的責任，所以我們每一個人都非常重要。

我們要承擔這麼重大的責任，必須要有很深、很穩的修行基礎與工夫，這也是為何禪修那麼重要的原因了。諸位要明白能夠共同在此用功的因緣不僅重要，而且非常殊勝；這並非說在家眾禪修不重要，而是從弘揚佛法的角度來看，出家眾的集體用功，可說是最核心、最重要的部分。當諸位能夠集合在一起用功，不但使每個人自身的修行，能夠發揮更大的力量，同時在傳承佛法上，也得以具足更好的因緣。因此，我們一定要非常珍惜這樣的因緣，並且讓出家眾共修的傳統能夠保持下去。

大陸的叢林現在有很多都恢復了出家眾共修的傳統，這些叢林禪堂每天都有禪眾固定在用功，或是於冬、夏安居時，安排密集的禪修課程，這對於整體漢傳佛教的弘揚，皆起著向下扎根的作用。

中國佛教在發展過程中，經歷了數次法難，但我們終究慢慢地度過了這些危機，包括一九五〇年代後的臺灣也是如此，多虧了許多像聖嚴師父這樣從大陸來臺的高僧大德，方能把法脈傳承下來。

至於現在，能夠接續起佛法傳承，挑起共承法脈的責任，並且把這個工作做得比前人更好，那就有賴諸位的努力與承擔了。每每看到有這樣的因緣，把大家聚在一起共同來用功修行，真的覺得很感恩，我們身為出家人，可以說把生命都奉獻給佛教了，希望佛法能夠久住世間，也希望發揮自己的力量，承擔起傳承的責任，而有了這樣的發心後，不能只想著自己應該做哪些弘法的工作。只想著要做什麼是不夠的，更重要的是，我們在佛法的受用上，能夠體會的有多少。

聖嚴師父說佛法這麼好，修行、學習的人卻這麼少；我們私下也常感嘆禪修這麼好，來禪修的人卻這麼少，為什麼這麼少呢？因為在禪修、學佛的人，自己並沒有親身體會到佛法與禪修的好，而如果自己體會不到，又如何能把箇中的好，告訴別人呢？師父能如此說，是因為他體會到箇中的好，所以他發了這麼大的願心，要把這麼好的佛法，傳授給別人，要把這麼好的禪法，讓更多人得受用。現在讓我們問問自己：我們在學習佛法、學習禪修的時候，自己本身有沒有體會到它的好呢？我們要如何跟別人講它的好呢？我們要體會它的好，就要實際去用功！換言之，唯有實修，我們才能體會佛法的好，繼而才能把這個好，告訴他人。

自己受用，方能分享禪的好處

透過實際用功，從禪修裡得到了受用，我們才能很有自信地告訴別人：「禪修真的很好！」假如有人問我們佛法是怎樣的好法，而自己沒有實際的體會，那麼所能說的，大概只能從佛經裡，或是從祖師大德的話中鸚鵡學語一番，然而這些話，是佛菩薩和祖師們的體會與智慧，並非我們自己的。如果你只是因為他們說好，所以就跟著說好，那麼就只是把別人所說的好，複製下來告訴其他人，講來講去講的都是別人的話，而你在講這些話的當下，甚至對這些話都未必有信心。因此，你一定要自己有真實的體會，在講佛法的好時，才會有像佛菩薩和祖師大德們那樣的信心，而這就有賴於我們自身的用功了。

尤其是禪修，它是我們修學佛法非常重要的核心，歷代祖師基本上都是從禪修的工夫入道，乃至於開宗立派的祖師們，皆是從禪出教，也就是從禪修中得到了體會，流露出他們的智慧，方才創立宗派成為祖師。由此可知，要修行佛法，要體會佛法的好，一定要很實在地好好用功，唯有通過這樣一個修行的過程，體會到佛法與禪修的好，爾後當我們藉由分享體會來弘揚佛法、接引信徒的時候，才能很有自信、很有力量地告訴他們，佛法有多好；反之，如果我們在告訴別人佛法有多好的同時，並無真實的體會，那麼我們在講話時，除了會缺少信心，還會缺少從自己的內心流露出的智慧。

禪修是出家生活的核心

有了上述的理解，諸位就能明白禪修有多麼重要了，能在此一起用功，這因緣真的是太殊勝了！希望大家在往後每年，凡能具足因緣在一起共修，都能夠更發心、更好好地用功。

此外，平日生活中，我們也要盡量安排禪修的時間。有的同學可能會說忙到排不出時間，但很多時候並非是無法抽空，而是不懂得安排。比我們忙碌的禪眾比比皆是，他們儘管面對繁忙的日常事務，卻還是能排出用功時間，為何我們就排不出來呢？問題癥結不在於有沒有時間，而在於能否好好把握時間。

如果我們確定禪修是出家生活非常重要的組成部分，並視為生活的核心，那麼一定會有時間來用功修行。如果我們在日常生活即能好好用功，再加上每年或一段固定時間都有共修的因緣，這樣就能通過踏實的修行，體會佛法與禪修的好，然後愈學愈有信心，並累積紮實的修行工夫，如此在面對弘法的工作時，一定能處理地非常善巧與智慧。

在座諸位要好好把握一起用功的因緣，因為這是我們的福報，要珍惜這個福報。希望大家在這段期間，能夠把握共修因緣，好好地用功，之後把工夫帶回日常生活。如果能夠在過程得到一些體驗，增長了信心，不論對我們的弘法工作，乃至於佛教種種事業的運作，都能夠具足更好的因緣與條件，做得更好。

〈第一講〉

調整身心，準備禪修

諸位參與密集課程時，要特別注意自己的用心，因為在這樣的課程中，很容易就生起求得的心，期望藉此得到一些體驗、境界或受用。尤其有些同學不久前剛參加了一個禪七，當時可能坐得很不錯，所以就以為再參加這個七，多用功些就會得到自己想要的境界。

在密集用功時，特別容易產生這種求得的心，一定要放下這種心理。諸位都知道用功時要依正念而行，但是藏在內心較深層的煩惱，容易在用功時起現行，很可能明明覺察到了，卻無能為力。

為了幫助大家放下求得的心，在課程一開始，會給大家一些放鬆、沉靜的時間，先回到最基礎的工夫上，這也是提醒大家修行最好的方式。此外，還會複習功課，目的是幫助大家停止追逐的心，能靜下心來，把功課再複習一遍。

禪坐三過程：入靜、止靜、出靜

每一次課程的進行，都包含三個過程：入靜、止靜與出靜；我們所坐的每一支香，也都包含入靜、止靜與出靜三個階段，每一個階段都需要調和。所謂「三時調三事」，坐香時的調和，包含調身、調息與調心，調和的方式要回到最基礎的方法上。入靜時，不要急著一坐下來，馬上就要求自己把心定下來，而要在入靜的過程中，先審查身心的狀況：姿勢有沒有坐好（調身）？呼吸有沒有放鬆（調息）？方法有沒有用上（調心）？循著這個方法與次第，進入止靜狀態後，再一心用功。

用功時唯一的正念，就是方法。用方法時，身體可能會出現惡根的相，即痠、痛、麻、癢等各種不舒服的觸覺，或是坐得輕安舒適等善根相，心也是如此，一開始打坐，不是妄念紛飛、掉舉起伏，就是陷入昏昧無記、睡眠的狀態，這些都屬於惡根的相，至於善根的相，如安寧清淨的感覺即是，有的同學甚至還會體驗到一種更深的、輕安的覺受。面對這些在止靜中可能出現的身心狀況，不論它們是偏向正面或負面，最重要的是，此時你的方法還在不在？

如果惡根相發，而方法不在了，我們就會跟著妄念流轉，或是跟著身體不適的觸覺產生負面情緒；如果善根相發，方法卻不見了，我們的心就會失去覺照，或是沉浸於種種輕安境，沉到心不想動了，就掉入無明或無記的狀態。因此，提醒諸位

「覺照的心」還在不在，就是提醒「方法」還在不在，換言之，即使遇到佳境，心亦不沉、不住在那個境上，依然守著方法來用功，雖然此時可能沒有一個很明顯、很具體的「照」的對象，但只要心一直保持著「照」的功能，如此心就還是在方法上，也就是保持在正念上；假如心被外境轉移了，不在默照的狀態裡，只要離開了方法，不論順著的是哪一方面的境，都不是在正道裡用功。

如果禪修過程能很清楚地保持在正念的狀態，未失去覺照的心，會發現你的心實際上是很放鬆的，因為它沒有追逐的對象，也就是說，你沒有求得的心，在這個過程中所得到的受用，是因為你用方法調和、放鬆了身心，這樣的覺受與體驗可稱為是一種「境」，它是自然而然出現的，而不是你求來的，所以也不會停留在這個境上，只要能有這樣的警覺就沒問題，能繼續用方法。

用方法就好比我們走路時，如果被一些沿途美好的景色吸引，而停下腳步忘了繼續往前走，或是看到有岔路就想要走走看，那就不是走在前往目標的大道上了。由於這樣，不論眼前的風景再美，我們都不停住、不求得，要在正確的道路上繼續走下去。

每一個過程，保持覺知

每一次進入禪堂用功，在入靜的過程中，都要提醒自己不斷地練習方法，不要把方法丟失了。我們一再地複習方法，也是提醒諸位即使進入止靜的狀態，方法依然要保持，因為它是最基礎、最重要的工夫。如果發現自己一上坐就急著精進用功，就稍微放慢腳步，放鬆身心，然後放下這種求好、求得的心理。我們現在就一起回到方法，把方法的程序再複習一遍。

每一支香上坐前，我們先走到自己的位置，禮佛三拜、問訊，接著把坐墊、蒲團放好，再慢慢地坐下來。坐下後，先別急著把方法用上去，應該先審察身體，調整好姿勢、坐正，然後放鬆呼吸。另外，提醒諸位每一支香出靜時，要先把蒲團整理好，下一支香上坐前，蒲團還要再整理一下，因為每坐一支香，蒲團的形狀都會有些變化，所以除了上坐前的整理，上坐後，還要注意坐的姿勢和位置，是不是剛剛好？假如有些部位覺得不太平衡，就要再做調整。

以上提醒看似細節，不過當你用心去處理時，其實就是把心收回來了。也許處理起來有些繁瑣，但如果每一次處理這個過程都匆匆忙忙，沒有留意坐得不平衡，或是蒲團凹凸不平整，只想著要趕快坐下來用方法，等你坐了一陣子後，開始感覺蒲團有個部位凸出來，那個點又剛好壓在臀部上，但已經坐定了，就不想再起來整理，或是不方便整理，於是被壓迫的部位就變成了一個干擾。因此，就算只是把蒲團整理得平整這樣一件細瑣的事，我們的心都要很細微地觀察，細心地處理好它，這樣坐下來後，身體也比較容易放鬆。

每一支香坐下來後，期間盡量不要有任何的干擾，這樣才能安心地一直坐下去。假如因為一些小地方沒有處理好，那麼當它開始干擾你，你是要中斷打坐起來處理，或是不起來處理呢？結果就無法安心地好好坐了。

假如因為前一支香坐得不錯，你就急著要趕快上坐，趕快用方法，想要在最短的時間內，把前一支香的工夫接續上，這種急著求得的心態，反倒很可能讓你遇到干擾，務必要放下這種心理，這樣身心才能放鬆。同樣地，出靜時，也要循著次第一步一步地出靜，不要因為這支香坐得很好，出靜時你就想說要快一些，這樣下一支香就可以趕快回來接續著用功。

像這些很細微的心理，只要一動念，用功就會受到干擾。因為當用功用得比較好、比較安靜的狀態時，即使只是很細微的雜念、妄念，都會變成一種障礙，而求好、求得的心，本身就是一個妄念，不論它的浮現是出於你的有意或無意，假如你沒有覺察到，它就會牽制你的心，這麼一來，你的心就不在方法上了。

因此，不要忽略出靜的次第，同樣地，出靜後的每個過程，也要循序去做每一件我們應該做的事，而在做這些事的同時，還是要保持在方法上的運作，身體要放鬆，呼吸也要放鬆，心仍要時時提起覺照。簡言之，動態中覺照的心，就是要清楚知道自己當下在做什麼，如果發現生起了妄念，不論是正面或是負面，都要有所警覺，並且在覺照中調整回來。

尤其是前一支香坐得不錯的同學，可能就會產生一種心理：「嗯，出靜後我要趕快把該辦的事處理好，然後趕快地進禪堂，這樣就能接續上一支香的工夫了。」同樣地，前一個七打得不錯，這回再來打七的同學，也可能心想著要把前一個七的工夫趕緊接續上。其實，出靜時，有一些需要處理的事，像是好幾天沒洗的衣服，趁著出靜把衣服洗乾淨，這就是一種調整，就是順著自己的功課好好地用功；反之，如果這時你只想著把這些瑣務快快丟開，然後趕緊衝進禪堂，希望把上一支香的工夫很快地接上去，一旦動了這些念頭，就是一種追逐的心，這些都是妄念，帶有雜染的成分。像禪七第一天，有的同學還沒完成報到手續，就急著進禪堂，想說坐一坐感覺一下，看能不能接續上之前來打七的工夫，凡此追求的心態，都是我們要特別留意的。

其實，順著因緣走，就是用功。出靜時，好好去做每一件出靜後該做的事，到了下一支香，入靜時，再順著入靜的程序，調身、調息、調心。出靜後再回來，坐上蒲團後，開始進行入靜的程序，至於已經過去了的上一支香，工夫有沒有留下來，對此無須假設，也不要去設想：「我上一支香坐得不錯，這支香應該能把工夫續上去吧！」或者心想：「我剛剛才打完一個七，所以這個七應該能打更好吧！」當我們一動這些念頭，心就不在當下，換言之，當心想著上一支香或上一個七，那是過去的心，而預設現在坐的這支香後面可能坐得如何，那是未來的心。

用功時，只有當下，沒有過去，沒有未來。如果心不在當下，人就不是放鬆的，因為一旦有過去、未來，心就會被綁住。為了讓心保持在當下，就要了解入靜、出靜、再入靜……，整個調整的原理與方法。我們的心在與外境作用的過程，很容易隨著環境發生散亂的狀況，除非能夠做到不論在靜態或動態中，身心皆完全統一，而有此體驗的人，就會發現過去、未來的心是不存在的，因為他一直都在當下與統一的狀態裡。他會覺得過去比較好嗎？或是覺得未來會更好嗎？他根本就不會去想這些。

如果你的心不論處於靜態或動態，都是默照同時、身心統一，就表示你隨時都在當下的狀態。所以應該入靜的時候，你會很自然地照程序而行，止靜時，同樣是在用功的狀態，默照同時運作，出靜亦然；然而仔細觀察，你很多時候並非如此。當諸位的五根對五塵，產生了各種不同的應對與作用，心往往無法像止靜時那樣地安定。舉例來說，可能有些同學禪七期間還有些事務必須處理，再者，大部分同學都有手機，當禪期圓滿，一打開手機發現有好多條未讀的訊息，全都不看也不行，因為可能有些重要的事必須馬上處理，凡此種種的動念，隨著外境與因緣而需要採取一些適當的行動，這樣的情況一定會發生，所以要利用出靜後處理它，處理後就要再通過入靜的過程，好好調和自己的身心。

慣性變惰性，易失去覺照的心

每一回進禪堂，都要好好把方法複習一遍，仔細觀察自己，是否有好好地用方法，調整自己的身心。其實每一次入靜的過程，都需要做足這個功課，但我們有時會忽略它，因為這樣的功課做多、做久了，就可能養成一種慣性，以為自己對方法很熟悉，於是就漸漸忽略了。要知道，如果我們沒有在每一次入靜的過程，好好地練習方法，而是隨著慣性去運作，久而久之，慣性就會產生惰性，這個惰性用多了，就會失去覺照的心。類似這樣的情況，在日常生活中可說是屢見不鮮。

在禪修時，一定要時時保持覺照的心，而每一個過程，都是在練習方法。在此也提醒大家，不要以為自己不斷在重複相同的過程，如果你以為這些過程一直在重複，那表示你已落入了慣性，接著就會產生惰性，隨之就會失去覺照的心，心就會沉入掉舉或無記；反之，如果我們每次用方法，都能順著程序來運作，這樣就能更容易地把工夫用上去，久而久之，即使我們已經對方法非常熟悉，但用方法時，還是能時時保持覺照的心，同時心裡清清楚楚：我並不是在重複相同的過程。

不論各位用的是什麼方法，包括念佛、念話頭，或觀呼吸等，用方法時，都要清楚知道每一個過程。以念佛為例，當提起佛號時，每一聲佛號都是很清楚的，而不是一個重複佛號的過程，當下所念的這聲佛號，是用當下的心在念，假如是重複的，就表示你把過去的慣性帶到現在，然後又把現在的慣性帶到未來。觀呼吸與數息也是如此。可能你一直在念數字，數字都在，但它們並沒有配合呼吸，這麼一來，數字就會變成意識裡的一種慣性，好像有在數，但慢慢地，這個「數」的動作也只是不斷地重複。可能有人會說：「我有在數啊！我從一數到十好多次，都沒有跳到十一去！」可是這個「從一數到十」，其實已成了一種慣性，心不在當下，就表示心失去了觀照的功能，沒有覺察到每一個數字，其實要數的是呼吸；反之，如果每一個數字都配合著呼吸，你會發現每一口呼吸都是變化無常，也都是當下的，如此，你就是在每一個當下，提起正念用功。

從「惰」到「墮」的原因

用方法時，容易形成慣性，是因為在方法的運作裡，帶有意識的作用。意識會連貫過去、現在、未來，人之所以能思考，即是因為意識能把事件連貫起來，但也是因為這個作用，讓我們養成了慣性，把事件視為一種重複。重複實際上就是一種輪迴，也就是重複在同樣的狀態裡，雖然個別狀態中的念，多少還是會略有不同，但它們其實還是一種類同的經驗，所以意識作用根據其類同性將之視為重複，久而久之，它們就會形成一種固定的方式。這就是慣性。

日常生活中，我們很多的動作都是慣性使然。有些慣性動作，即使不用心覺照，還是能做得出來，但動作本身往往做得漫不經心，因為心在動作的過程中，並沒有發揮覺照的功能。

像我們同一條路走多、走久了，會變成一種慣性，還沒走到那裡就開始預設路上會出現哪些狀況。這些很微細的心念，我們往往覺察不到，就順著慣性走，可等到真的走在那條路上，才發現今天的狀況好像和設想的不太一樣。又如用餐時拉椅子，大家都習慣椅子一拉就坐下，結果椅子便發出聲音了。這就是依慣性使然，整個「拉椅子，坐下」的過程，都沒有帶著一顆覺照的心。還有開關門的動作，往往我們都是順手一拉，而沒有留意到做這個動作時，心是否在當下，是否清楚知道自己正在做什麼。

不只生活中有很多的慣性，打坐時亦然。所以一再提醒大家要複習方法，因為在複習的過程中，就是在提醒自己，整個過程都要清清楚楚。觀察自己的姿勢，有的同學打坐一段時間後，會感到身體歪了一邊，張眼一看，其實沒有歪斜，還是坐得正正的，可想而知，如果實際上坐正，但感覺是歪向左邊，那表示你的坐姿，平時的慣性是往右邊靠，你的身體對此習慣了，就覺得這樣才是正，於是當你將之調正，身體的慣性反而會讓你感到它是歪的。類似這樣的慣性都是很細微的，很容易讓人對其失去覺照，同時也因為一再重複這類動作，當它成為習慣後，慢慢地就會形成惰性，於此同時，惰性還會往下墮，當人從「惰」到「墮」，就很麻煩了，因為「墮」會拉著你的心往下墮，心就不想動了。所以先前亦提醒大家，當我們打坐坐得很好時，要特別留意別讓心墮下去，落入無記裡，也因此，對於打坐中的每一個過程，都要清清楚楚。

對身體逐一審視和調整

現在再回到方法的複習上。首先，入靜的過程，當進入禪堂後，要非常清楚自己走路、拜佛的當下情況，拜的時候不要急著拜完後快快坐下，要慢慢來，清清楚楚的，調整好蒲團和身邊物品再上坐。坐好後，身體調正，注意腿有沒有盤好？有沒有挺腰、含胸？手印結好了嗎？肩膀是否平垂？下巴有無內收？然後將眼瞼輕輕垂下，或者可以放鬆你的眼睛——睜開，但是很放鬆地把眼睛睜開後，要完全放鬆眼睛，不注視任何一個焦點；也可以慢慢把視線往下移，不要在意你的眼睛是開、是闔，只要不看前面，也不閉起來。接著，檢查舌頭有沒有放鬆？把舌頭抵到上顎，給予足夠的空間放鬆。臉部肌肉有沒有放鬆？審察一下，都放鬆了，這時還不急著馬上用方法，先把姿勢再次調整好，然後提起一念清明，覺照自己的身根，知道自己正在打坐。這些都調好了之後，慢慢地，把身體放下，如果你的方法是用身根的觸覺，那就讓心繼續保持在對身根的覺照，不論你使用的是哪一種方法，呼吸、念佛或念話頭皆是如此。接著，慢慢地放下對身根的觸覺，把心往內收攝到意根裡。當這個念提起來後，心就安放在這個方法上用功。

以上整個過程，每一個程序是如何進入的，都要清清楚楚，打坐中身心有什麼觸覺，生起了哪些妄念，都明明白白，同時還要清楚知道自己的心，有沒有一直在方法上，保持著正念。觸覺知道、妄念也知道，這就是覺，即覺照的作用；心有沒有跟著妄念轉動，如果一直專注在方法上，這就是默。

所以用功，就是專注、覺照，也就是默照的運作。要以這樣的原則來用功，不斷地練習、複習。如果你已經把方法用得很好了，繼續保持，但不要動念：「趕快進步啊！」或是有一點比較好的覺受，就想：「不得了喔！我怎麼這麼厲害？」一旦動了這些念頭，求好、求得的心理就跑出來了，它們都是妄念、雜染，所以一定要放下。用功時，不論處在何種狀態裡，不要去分辨它的好壞，只要清清楚楚地知道，心有沒有在方法上，對於當下身心的狀態，要清楚覺知。只要在方法上保持專注，就是在練習「默」；清楚身心的狀態，就是在練習「照」。

接下來，該出靜的時候，不管你坐得多好、多輕安，或者當下這個境好到讓你不想出來，把這些通通放下！要知道所有的境界，都只是一個過程，並且是無常的，你現在工夫用得好，是因為條件具足了，因緣生，所以有好的境界，當因緣滅，境界就滅了。不論因緣生或因緣滅，我們都順著它，在該出靜的時候，我們就把方法放下。

出靜的過程，是先調心，把方法放下；然後調呼吸，做深呼吸；接著調身體，做按摩。以上整個過程，心都是覺照的。按摩時，可以把注意力放在掌心，按摩每個部位時，心都不放逸，都是清清楚楚的。出靜後，該做運動，就做運動；該拜佛、經行，就拜佛、經行，該喝水洗手，就喝水洗手，不論做什麼，心都還是在方法上。此時的方法是：很清楚地知道自己當下在做什麼。因此，出靜後還是在用功，保持正念地繼續用方法。

所謂的練習方法，其實就是這麼簡單。雖然方法我們都知道，道理也很清楚，而且我們還聽過那麼多聖嚴師父的開示，可是在用功的當下，當偶爾有了好的體驗，我們的心還是很容易被它拉著跑，而丟失了方法；同樣地，如果坐得不好，身體出現了很多惡根相，我們的心也很容易被干擾而失去正念，忘記了不管坐得好與壞，都還是要回到方法上。

好香、壞香，工夫照常

坐得再好，工夫仍是要順著入靜、止靜、出靜的程序運作，不要想著自己這支香要接續上一支香的工夫，或是這個七要接續上個七的工夫，能否續上，不是由我們的心想不想要來決定，要看心有沒有調和，有沒有保持在正念上。如果有，不需要求，只要達到一定程度，因緣具足，工夫自然現起；但如果起的是貪欲、追求的念頭，這些妄念就會變成干擾。當心被妄念干擾時，工夫就會無法續上，這時心會變得更著急，更想求得好的境界，結果妄念將生起更多的妄念。當妄念愈來愈多，又不甘願因而障礙了自己的工夫，心中就會生起更多的想像，明明坐不好，也會假想自己坐得很好，到最後，仍然以為自己的感覺很好，但其實已經坐到心亂如麻了，可是這時心依然暗示自己：「我其實坐得很好……。」一大堆的妄念跑出來！

由此可見，只要動了一個妄念，後面就會拉著一堆妄念生起，所以我們在複習方法時，一定要對此有所警覺，時時提醒自己。

每一支香，從上坐、入靜到出靜，整個過程，我們應當把它做好。每一回的禪修課程，從進來到離開，都順著因緣用功。同時也知道，用功時，要依著當下身心的狀態，採用與之相應的方法用功。每一次的複習，都是要我們好好地在方法上用工夫，同時這也能幫助我們放下求好、求得的念頭。唯有放下、放鬆，才能好好地在方法上用功，透過不斷地練習來精進我們的工夫。

〈第二講〉

修行的態度

課程開始之前，請諸位先把心態調整好。用複習功課的方法，回到最基本的部分，也就是先把身心調和好，同時藉著這個過程，放下求好、求得與追逐的心理，把心放在方法上。練習方法時，可分為入靜、止靜、出靜三個階段，以及調身、調息、調心三個層次的技巧，各位可以用呼吸、念佛、念話頭，或是默照的前方便等方法來運作。

不論諸位用的是什麼方法，首先要把握的原則，就是一定要專注在方法上，讓心保持安定的狀態——這就是默（定）；再者，用方法時，要清楚身心的各種狀態，還要清楚當下的因緣，不論當下是惡根或善根相現前，因為我們很專注地用方法，就不會被這些因緣所影響、干擾，即便當下方法用得很好，人處在一種很輕安的狀態，也不會停留在這個狀態裡，仍是繼續地用方法——這就是照（慧）。

所謂用方法，就是讓「默／照」、「定／慧」的功能持續保持而不丟失。為何必須把握這個原則呢？因為這是我們的心本然性的功能，通過方法的運作，可達到默照同時、定慧一體，而有了這樣的體驗後，心本然性的功能就能自然顯發，持續保持「默／照」、「定／慧」的功能與作用。

定慧的作用，是讓心不被任何內在與外在的妄念所干擾，保持清明的狀態，清楚地覺照當下，這個覺照的功能還能夠更深一層地照見五蘊皆空，換言之，它不只照見當下因緣生滅的現象，還照見生滅的本質為空，當心能照見空性，人即解脫。

修出心的本然性功能

修行的「修」，指的是讓心本然性的功能，得以自然且完整地顯發，諸位在此用功，做的就是這麼單純的一件事。修行的原理，正是基於心的自性清淨，這是所有眾生的本性，也就是佛性。「眾生本性清淨」，是大乘佛法思想與修行的核心。《六祖壇經》中，六祖用很直接的方式揭露這個重要修行原理，而觀諸所有大乘佛法，甚至上溯至原始佛教，實際上講的都是這個原理。基於這個原理而有各種修行方法，其目的都是為了讓自性清淨的功能，得以直心流露，要做到這點，我們的心就要達到定慧一體（不二）的狀態，功能方可自然顯現。

我們要把握這個原理用功，如果沒有把握好，所有的方法無非只是技巧而已。

用功時唯一的正念，就是不離方法，而運作方法又不離「自性清淨」的原則。因此，諸位在用功時，首先要了解，心本來就是清淨的，當心的功能顯發，它一定是定慧一體。

不過，通常我們會遇到的問題是，心實際上並不處於這樣的狀態，也就是它並非是「自性清淨」的自然運作，反而是被很多的雜染、妄念不斷地干擾著，以致於心始終不能安定。其實，對這個問題的覺察，正代表我們往內反觀的自覺，可以說，這就是「生命的疑情」。我們為什麼會想修行？為什麼要學佛？我們的內在必定要有這樣的一念覺悟，方能體會修行的重要。

在此過程也必然會發現，我們對修行的理解，與修行時實際顯現出來的狀況，兩者的落差似乎滿大的，但是如何把所知與實際狀況做一個貫通又不得要領。各位是否也有這種感覺？明明吸收了很多禪修法門的知識，可是一坐下來，自己的實際體會，卻與所知落差甚大。很多學禪的人是透過眾多的資訊建構對禪修的理解，然後又把這樣的理解放在包括修行、修養，甚至生活、藝術等領域，以為能把「禪」這個字，放在他們所專擅的領域上，這樣就是有體會，甚至是開悟了。例如有些人用文字寫禪，寫得頭頭是道，以為這樣就是實踐「禪」，過著一種「禪」的生活。

像這樣的人，只要讓他真正坐上片刻，就能知道他完全不是那麼一回事了。他可能坐不到五分鐘便躁動不已，安定不下來。他們可以寫得一手好文章，說得一口好禪，其實卻是坐不住的；坐不住怎麼辨呢？於是他們就說不論六祖也好，禪師也罷，都講禪不在坐，所以我也不能坐；我不坐，不表示我沒有禪。但實際上，他們說的、寫的，都只是口頭禪、文字禪罷了。

生命疑情啟動自覺

我們學佛的動機，往往不是直接被佛法觸動了什麼，而是由於對人生有了疑情，或是有了內觀的一念自覺，發現表面上種種已知的現象，和我們內在的本來面目，或是清淨的自性，或甚至不知道怎麼形容它亦無妨，總之，種種理所當然的外在現象，與某種內在的感受相對照，發現它們似乎不再是那麼一回事，而又無法形容。正因為無法形容，所以稱為疑情。假如我們都了然於心，那表示已見到本來面目，那就不是疑情了。很多時候就是因為內心有了這樣的一種覺知，我們才來學佛、修行。還有些人涉獵了一些禪宗的知識，便以為有了這樣的知識，就表示本然的自性可以自然地流露、發揮了，但接下來透過生活經驗與吸收的禪宗知識相對參，他便覺知到並不是這麼一回事，因為從現實的觀察裡，他所感受到的是：如果心的本性是清淨的，何以現實所顯現的一切會如此地雜染呢？這就是疑情。這樣的疑情才會讓我們想要好好地用功修行。用方法時，儘管現階段對於修行的理解和實修中體驗到的現象有落差，但有了上述的認知，再加上清楚自己用功的目標與方向，我們的心就能安放在方法上。

有些人在參加禪修前，涉獵了一些關於禪修的資訊，就以為只要一進到禪堂打坐，什麼問題都能解決，尤其是那些遇到許多困境的人，不論是人生、家庭、感情等問題，都以為只要進了禪堂，問題就能一消而散，為什麼呢？因為他們認為禪就是甘露，是萬靈丹，一吃下去，百病全消，所以只要參了禪，就好比服了甘露、萬靈丹，所有身心的病全沒了；可是等他們真的進禪堂打坐，才發現並非那麼一回事，本以為只要靜坐下來，身體的病痛必能消除，心裡的煩惱也會消失，哪曉得坐下來後，身體更痛、煩惱更多，於是心裡嘀咕著：「不對啊！怎麼會和我之前讀到的資訊，有這麼大的落差呢？」結果他們坐沒兩天，就逃之夭夭了。這是由於認知不完整，而誤以為禪修的效果是立竿見影的；但如果我們有一種內觀的自覺與疑情，就會知道理解上與體驗上的落差是必然的，至於如何消除落差，使之貫通呢？這就要靠方法，也就是我們現在所學的各種技巧。

學習技巧時，有的人認為最好能學習到一個最高明的方法，這樣就能很快頓悟。很多學禪者都有這樣的心態，希望一進禪堂，指導者就能教自己一個頓悟法門，比如說話頭，看書上說話頭是頓悟的，那就教我這個方法好了，這樣我學了這個方法後，就能頓悟，而且所有的問題就能解決了。結果，真的學了話頭，又發現好像不是自己原本想的那麼一回事。一旦發現認知與現實有落差，人會有不同的反應，比如有的人不承認自己有問題，所以當他用了話頭後，以為一定很快頓悟，實際上並沒有發生，而他又不願意承認是自己的問題，於是可能會有兩種反應，一種是放棄話頭這個方法——既然我用了，就一定要頓悟，沒有頓悟，那就是方法有問題，不是我有問題；另一種則是更執著於這個方法。執著方法又分兩種，一種是願意從基礎開始做起，這是比較健康的心態；另一種則是認為自己是利根的人，不需要從基礎開始，應該直接用方法才對，但直接用方法又遇到很多問題，於是為了將問題壓下來，就開始運用各種想像，想像著參話頭要有疑情，這個好像就是疑情；參話頭會有什麼答案，這個好像就是答案……。想著想著，想久了，假的好像也變成真的，於是種種的「誤境」現前了，自己以為不得了：「我開悟了！」老師不承認他，他便覺得是因為老師沒有開悟，還想要到處去教人。這可就糟了！因為他誤的不只是自己，還誤了許多人。

會發生這樣的情形，都是因為沒有把握好佛法的中心原理，即自性；以及依此原理而生的事相，即現實所顯現的各種因緣生滅現象。如果只把握了前者，就會認為所有顯現出來的現象，因為是依理而運作，所以現象必然和原理一致，殊不知實際上，理和事雖是一體的兩面，但在事相顯現之際，會經歷許多因緣生滅的過程，此時若沒有把握好理事之間的兩面性，就有可能偏執於兩者的一體性，認為理和事必然為一體，而硬要將兩者勉強貫通起來。這就是只把握了理，而沒有回到事上做觀察所產生的誤解。要知道，理一定是非常簡單的，就像我們說「因緣生、因緣滅」，道理很簡單，但事相上顯現的因緣生、因緣滅，卻是很複雜的現象，面對如此複雜的現象，如果沒有回到理上來觀察它，就有可能對呈現的事相產生執著。很多時候我們學佛，也會在事相上執著，因而生起很多煩惱。其實事相一定是很複雜的，甚至帶有很多雜染的成分，如果學佛只偏向理，未見到因緣生滅的事相，對佛法的體會，就無法連貫到現實生活，先前談方法時所講的「照」，也就無法在用方法的當下，照見因緣生滅的過程。這就是由於過於偏「理」，而對複雜的「事」，產生了執著。

對修行的認知和現實有落差

很多人學佛太過於偏理，文字功力一流的人更是如此。他們一旦坐下來修行，便無法接受自己竟然會有那麼多的問題，因為就理來說，應該是沒有的呀！為何在事上會有這麼多問題？而他們又不願意承認是自己的不足，才無法將事相呈現的各種複雜性與理貫通，於是他們便放棄了事相，而更偏向於理。其實，只從理上看，道理都很容易講得通，但事相做為理的一體之兩面，兩者若無法貫通，那麼即便是講得再好的道理，也無法在現實生活裡實際運作，結果就是人依然執著於理，也困擾於事。

修行方法的原理是「自性清淨」，但就事相上來看，顯現出來的是清淨的嗎？似乎比較是偏向雜染的；不過這些因緣生、因緣滅，複雜且雜染的現象，仍是依理而運作。諸位在用方法時，有沒有見到因緣運作的過程中，各種生滅的現象呢？如果沒有見到，表示你可能過於執著於理，那麼就無法讓「自性清淨」的理，很好地應用到現實生活之中；反之，如果在用功時，你透過對事相的觀察，發現理與事的差距，換言之，在用功的過程裡，首先顯現的，就是理與事的兩面性，即清淨的自性與雜染的現象，那麼你要如何將兩者連貫呢？這就是接下來用功的方向與目標了。

要將理與事兩者連貫，首先要看到我們的心，有許多雜染的功能在運作，充滿各種妄念，於此同時，我們還要明白心本性清淨的道理，只是這個本來清淨的心，目前在事相上所顯現出來的，是各種紛雜的妄念與雜染，而我們很清楚這是一體的兩面，此相對的兩面性顯現的當下，我們明白兩者為一體，為了將兩者融為一體，就需要通過一個貫通的過程，這個過程即是從調心的工夫出發，通過各種修行的技巧來完成。

如果我們了解理事一體的同時，也能觀察到心在當下顯現出來的各種雜染現象，同時接受我們目前還無法將這些事相與理貫通，然後從這個事實出發，藉著當下的因緣來用方法，這樣就是「通」了。雖然這個「通」，還無法達到真正的「貫通」，但我們就會願意老老實實地坐下來用功、用技巧，因為我們知道，這是一個必經的過程。

假如我們在用功時，有了方法和技巧，卻還想再追逐一個最高明的方法，這就表示仍未觀察到自己當下的因緣。會產生這種情形，一種可能是因為把握了理，就以為可以直通這個理，而忽略了觀察現有因緣的重要性；另一種可能是，根本連理都沒有把握好，很多的禪修者都有這樣的狀況。他們禪修只學技巧，因為他們認為禪修的調和身心，指的是當身體不舒服、不健康了，可以用禪修的方法來調和，所以禪修是一種保健養生之道；至於調心，他們可能只看到很外層的心理與精神上的問題，因為聽說禪修可以紓解壓力、緩解心理問題，所以來學習。如果對禪修是抱持這樣的態度，當他們在用方法時，根本就不會覺得佛法的重要，以致於其中有些人主張，禪的方法沒有宗教性，不需要與佛法聯繫在一起，也就是說，他們不以佛法的根本原理，做為禪修的所依，如此，儘管他們也是在用方法，但他們的方法，就僅是在事相上下工夫而已。

如果僅在事相上下工夫，當方法用了一段時間後，很可能會發現身體不但沒變好，打坐時反而更痠、更痛，或是發現壓力沒有獲得紓解的跡象，這是因為用方法時，若沒有把握原則性的理，不論用什麼方法，都不易得力。

修行必依法而修

既然他們都已經學了些禪修技巧，卻發現這些技巧不太好用，如果改教他們念佛，他們會說：「我沒有宗教信仰，所以我不念佛。」不念佛，那數呼吸好了，可是數著數著，又變成一種慣性，或是把握不到呼吸，不能放鬆地覺察自然的呼吸，而變成是控制呼吸了。外面坊間有很多方法，例如瑜伽一類與禪修有些許連結的方法，他們數呼吸時，其實是用控制呼吸或調呼吸的方法在用功。假如數呼吸時，數字配合不上呼吸，那就只是在數數目字，數到最後成了一種慣性，這麼一來，方法的功能無法發揮出來，於是他們又覺得這個方法不適合自己，因為身心無法直接受用，所以又改學別的方法。

禪所顯現出來的效果，把許多人都接引來禪修，同樣是在學習方法，也同樣是在用功，甚至還有人宣稱得到了禪悟，諸如此類的狀況，往往反映的不是禪的功能，而是顯現心的問題。我們觀察看看自己有沒有類似的問題呢？禪修是不是也犯了上述的毛病呢？例如說偏向理的人，認為自性本來清淨，哪還需要修什麼？就像很多人能以優美的詩和文章，闡述禪的意境。坊間有很多這樣的書，這些作者往往給人一種開悟了的感覺，可是讓他們來打坐，卻未必坐得住。這種狀況就是偏向理，以為文字通，修行就都通了。諸位檢視一下自己，有沒有落入類似的狀況呢？又或是偏向事相，不斷追逐各種方法，一旦覺得方法用不上：「啊！這個方法不行，要再找別的方法。」或是：「我一定要找個最高明的頓悟法門來用功！」而且還要馬上見效。這就是偏向事。各位有沒有這種情形呢？

假如知道自己還無法貫通事理，這時就要注意自己在用方法時，是否因為事理兩端的落差，而掉入了「這個方法對不對？」、「我到底是不是禪修的料？」等等的懷疑。我們知道修行一定要有大信心，如果沒有堅定的信心就無法繼續用功。

用功時，容易因為落差太大而產生了各種懷疑，懷疑佛法、懷疑老師、懷疑方法，甚至懷疑自己到底行不行，如果有類似的心態，你就沒辦法更好地用功，即便仍然來打坐，那也不過是虛應故事、得過且過罷了。修行若是這樣的態度，你的方法一定無法深入，為什麼呢？因為你沒有用心。

所謂修行，一定要依法而修，也就是依佛法的原理，從大乘佛教中心思想的原理來起修，《六祖壇經》將之簡化說明為「一切眾生自性清淨」。既然修行所依的是心本然性的功能，即定慧一體，所以用功時，一定要回到這個本然性的功能來用功，這樣才能夠立基於佛法的中心思想，透過修行來實證這個原理。接下來，就是事相上的觀察。觀察我們自身的因緣，把握好現有的條件與狀態，然後依目前最合適的方法來用功。

這時可能會發現，我們在理與事上的差距真的很遠，我們的身心真的太不協調了。一坐下來，全身都痛，這種全身不協調的現象，表示我們在日常生活中，對身體的協調一直沒做好；至於心理的狀態，一用功就妄念紛飛，雜染的念頭很多，甚至還有很多非常黑暗、不好的念頭生起，這些都是我們長期累積的因緣所致。

依當下身心情況來調和

如果有上述情形，我們就要依這個既粗且散的身心，用方法來調和。諸位都知道方法了，這時不要預設一定要用最高明的方法，以直接對治身心的問題，一旦有這個心態，我們的身心一定就是不放鬆的，如果身心確實就是處在這麼粗與散的狀態中，那麼就只能用適合目前情況的方法來調和。

如果發現自己坐在那裡，什麼方法都用不上，念佛、數呼吸，心都不知跑到哪裡去，這時可以乖乖地坐著，什麼方法都不用，就只是坐著，讓身體放鬆。如果發現，只是坐著也不能放鬆，全身都不舒服，甚至有的同學連腿都盤不起來，身體那麼差，問題那麼多，怎麼辦呢？沒有關係，我們就承認這是我們當下的狀態。這就回到我們的自覺了，自覺自己的條件就是如此，然後當下就依這現有的條件來用功。現有的條件能夠用什麼方法呢？如果只能坐在那裡，這是沒有方法的方法；如果發現自己和沒有方法的方法距離還是差很遠，那就先老老實實把這個粗散的身心，讓它慢慢地放鬆、沉靜下來。

如果發現自己打坐一段時間後，身體滿放鬆的，甚至體驗到一些輕安的狀態，那就保持好它，然後用方法。例如用呼吸的方法，一提起方法就覺察到呼吸，然後數息；或是念佛，佛號一提，就在那裡，清清楚楚；話頭亦然，一提起，話頭就在。不論用的是什麼方法，都要持續地用，然後慢慢地用功，直至一心不亂。

假如用方法時，覺察到呼吸或念佛是斷斷續續的，心無法專注到讓呼吸與佛號持續不斷，這時就需要用「數」的方法，以數字加強心的覺照，所以由「數」入「隨」，進而達「止」，即一心不亂的境界。如果有人不只是不能數，甚至連呼吸都找不到，這樣的狀態就更粗了，可以先坐著放鬆，放鬆到能覺察到呼吸，妄念變少了，佛號也提得起來了，這時就提起方法來用功。提起的過程中，覺察到佛號或呼吸是斷斷續續的，那就把數目字加上去，這樣能讓心的覺照變得敏銳，也能讓專注的作用愈來愈安定。這兩個作用都是心本然性的作用，透過方法讓兩者慢慢地凝聚、結合，心也漸漸地不亂了，這時就把比較粗的數目字放下，讓心隨著呼吸或佛號慢慢地達到止，或是一心不亂的統一境。

如果你所用的方法，能夠用功到這樣的程度，就繼續用下去。因為每個人的狀態與程度不同，所以需要有各種的方法與技巧。例如有的人打坐，盤起腿後開始放鬆，從頭至全身很快都放鬆了，由於身體放鬆，心又安定敏銳，這樣就能覺察到整個身體，心能夠與身的觸覺統一，當下就達到默照同時、身心統一的狀態。能夠做到這樣的人，就用這樣的方法用功，並沒有人規定你什麼方法可用，什麼方法不可用，只有誰可以規定你呢？你自己。但是用功時的一些狀態，我們可能不是很清楚，這就需要老師從旁協助了，利用小參時間和老師談一談，老師的經驗比較豐富，能讓你更清楚自己的狀態，幫助你後續更好地用功。

一念自覺，即回到當下的專注

所有的方法都是技巧，如果我們本身有自覺，那麼即使用功的當下，顯現的是很粗散的狀態，甚至什麼方法都用不上，但只要對此能提起一念自覺，這一念的正念知道自己正在打坐，也知道自己還需要從調和身心開始做起，如此一來，你就能讓身心安定下來。通過這一念的自覺，盡量回到當下的專注與覺照，也就是讓心本然性的功能——安定/清明、默/照、定/慧，在我們運作雜亂的心與粗重身體的同時，漸漸地自然顯發。因此，用功就是要把握當下身心的狀態，藉由外在合適的方法，讓心內在本具的功能，很好地發揮出來。

假如你有自覺，就表示你的心已經能夠內觀，可以從內在去體認，當下顯現出來的事相與理性上的認知是有落差的。抱持這樣的理解，回觀現有的身心狀態，這就是自覺。當你有這樣的自覺，心本然性的功能就會自然凝聚，這時，即使你還不能好好地用方法，只能坐在那裡「只管打坐」，但由於你的一念清明與自覺，這自覺讓你知道你在打坐、在用功。同時因為你也理解安定與覺照，即是心本然性的功能在運作，所以雖然當下顯現的事相很粗散，但因你有這樣的一念正念，慢慢地將發現這一念自覺，會幫助你不被妄念或比較粗重的身體干擾所影響。當問題逐漸沉澱，這一念自覺的作用會更加清楚、敏銳，這時你就能覺察到呼吸，或是能把佛號提起來，也就是說，你能夠用方法了，一旦能用方法，它將幫助你把身心調得更細、更放鬆。

把握好上述的整個過程很重要，一方面先把握理，了解心本然性的作用，以此做為用功的原則，另一方面把握好方法的技巧，只要對方法的運作有全盤把握與理解，即使用功時發現現有的身心狀態，與理解的差距甚大，那也沒什麼關係，因為你知道理與事究竟是一體的。不論當下的身心如何，只要把握好這個原則，並依這個原則來用功，一定能讓這些雜染的身心狀態漸漸地脫落。要知道雜染的作用，都是從外面加上去的，只要你正確使用方法，慢慢地，甚至不用刻意把這些雜染趕走或驅除，只要心內在本具的功能得以發揮，這些雜染作用自然會脫落。

對修行有了全盤的了解後，我們在用功時，就會有信心：一則信法，再者信老師，然後相信方法的原則及其運作，同時相信自己能夠運用與體會方法。當我們有了信心，又把握了修行在理事上的一體性，在用方法時，不論處於何種狀態，都可以很安心地用功。

因此，原則的把握和方法的運作是互為因果的。在方法、技巧運作的同時，還能回到修行的中心原則，把握理事的整體性，這樣就能在安心禪修、用功的過程中，逐漸脫落各種雜染，讓心本然性的功能愈來愈能夠自然發揮，最後即可達致修行的目的：證悟。

以上是對修行方法的概略性說明。有了這樣一個整體的理解後，不管你在用功時面對了什麼問題，也不論你現在的身心狀態如何，妄念、雜染有多少，它們顯現為哪些逆境與干擾，又或者你所知的理和當下所感的事相有多大的落差，你都不會退失信心，因為你知道修行的路，一定是這樣走下去的！把握了這個大原則，再回到修行的技巧，那就要回到每個人本身的身心狀態來用功了，因為每個人的狀態各不相同，所以進度也會有所不同，明白了這點，我們就要好好把握各自當下的因緣，這樣才能安心、踏實地用功。

〈第三講〉

禪修以方法為正念

修行如果偏向於事，就容易被種種雜染，或是用功用不上力等各種現象所困擾；如果偏向於理，則可能無法覺察到當下身心顯現的各種事相，而是靠想像以為自己有不錯的修行體驗。因此，修行要將理與事兩者貫通，一方面用自性清淨、本自具足的理，化解內心的種種問題，另一方面也了知我們在事相上有各種雜染的現象與狀態，只要把握好核心的原理，通過事相上方法的運作，理與事就能慢慢地融會貫通。

其實理與事的本性本來是空，而當空顯現為理與事時，就有了兩邊，一邊是沒有分別，另一邊則是有分別，然而它們實則為一體的兩面，所以可以貫通，這一點是我們在用功時，要清楚把握的。把握了這點後，再根據我們自身現有的條件，好好地應用方法與技巧，回到當下來用功。我們要特別注意心態的調整，如果能自覺並依憑現有的條件因緣，應用適當的方法，就是把自己安放在當下用功，能夠如此，我們便不會預設用功可以讓自己得到什麼，因為預設的心態是一種求好、求得的心。只要我們設想著要求什麼，實際上就是把心放在尚未發生的未來，而不是在當下，那就不是真正的用功。這就好比我們現在坐在蒲團上用功，用的方法是數呼吸，但如果有人設想著要開悟，或是得到什麼體驗，並且以為這樣才是在精進用功，那麼他實際上有在用方法嗎？沒有，因為他動的這些念頭，是未來的心，以未來心做為當下用功的所依，然後假設自己正朝著某個目標前進，以為這樣就是在用功。實際上，因為他的心並不是在當下，而是放到了未來，所以他是以有所求的心態在用功，凡是以有所求的未來心用功，都不是真正的用功。

不過，用功時，可以在每一支香開始前，發一個願。例如這一支香用的方法是數呼吸，那麼你可以發願這支香要數到一心不亂。發了願後，這整支香的時間，你是否就一直想著：「我要一心不亂，我要一心不亂，我要一心不亂……。」一直這樣想就會一心不亂嗎？不會。雖然你發了願，希望可以數呼吸數到一心不亂，但如果你回到當下，會發現你連呼吸都找不到，那麼當下你最需要做的事是什麼呢？當然是回到呼吸上，去覺察你的呼吸，這樣才是在當下用功；反之，如果呼吸都找不到了，你還一直在想像著、求著要一心不亂，那麼你的心就是在未來。這就好比你現在坐在這裡，心裡想著要到臺北買東西：「我到臺北、我到臺北、我到臺北……。」一你一心想著要到臺北，你就會到臺北嗎？不會。所以用功就是這樣，你可以有一個目標「我要到那裡去」，但你首先要認清楚「我現在在哪裡」，而用功就是「我現在在這裡，我怎麼樣可以到那裡去」的過程，目標絕不是通過想像即可達到，而是必須回到當下來用功。這就是自覺。當我們把心保持在這一念的自覺上，依正念用功，這才是真正的用功；至於把念頭放在想要求得的目標上，那不是用功，而是打妄念，我們一定要區辨清楚這兩者。

設定用功的目標——保持正念

有些同學以為用功時如果沒有一個目標，就不是在用功——不是這樣的。目標只是讓你知道用功的方向在哪裡。當你正在用功的時候，要把目標放下。所謂的放下，是指心在用功當下所保持的正念，是在現有的因緣所能用的方法上，而不是想像著你要達到的目標，這樣反而是不可能達成目標的，只有回到當下的工夫，才能在不斷練習方法的過程中，慢慢地發現自己對方法愈來愈熟練，如此就能愈來愈靠近目標，直至達成；但如果你在用功時不斷地預設或打妄想，以為目標就在那邊，這樣就不是真的在用功了。很多時候，我們在用方法時，都會落入這種狀態。比如我們現在正在用的方法是覺察呼吸、數呼吸，於是你用功時，就不斷地問：「我什麼時候可以隨呼吸？」這就表示你認為要能隨呼吸，才叫用功，而你現在還在數呼吸的狀態，那就不是在用功了，所以你就一直想像著自己什麼時候可以做到隨呼吸，也就是說，你還在用第一步方法的狀態中，便一直想像著如何可以到第二步、第三步，並且認為能達到第二步、第三步才是用功，如果做不到的話，就不是用功。

建立用功次第的原因，為的是幫助大家在用功時，能比較清楚地知道自己在修行過程中，有各種不同程度的進度；而不是在知道了這個次第之後，拿這個次第來預設自己，何時可以達到最後的目標。這種求得的心，認為達到最後目標才叫用功，這是一般世俗的心理，而禪修則是要減輕世俗、追逐的心理，假如用功只是不斷地設定目標，並且在打坐的時候不斷地想著要追求目標，這就回到了世俗心態，或我們先前提到的慣性裡。

因此，諸位要很清楚自己的心態。當自覺了自己的狀態後，能夠安心保持當下的正念，這就是用功；而不是在用功的當下，還要緊抓著我們設定的願，以及用功的目標與方向。其實我們都知道這些觀念，但我們是從理上知道的，而用功則是從事上來用功，通過用功的過程，以事印證理，如此就是朝著正確的方向，完成修行的目標。

把握了理，用功時，就能用理來回觀自己在整個用功的過程，到達什麼樣的進度，然後循序將事理兩端連貫起來。對此我們一定要有一個清楚的概念，這樣才能真正地安心下來，好好用功。

保持用功的正念。用功的正念一定是當下的心，也就是正在用方法的心。至於用的方法，一定是和我們當下的因緣與現有的條件都相應的，才是最好的方法；而非想像有一個很高明的法門：「我現在就要用這個法門！」如果你現在連最基礎的工夫都做不好，表示你不具備用這個法門的條件，所以實際上，你也無法把這個方法用上去。

有些人理上通了，便認為自己的工夫也完成了，例如我們現在以靜態來調和、放鬆身心，靜靜地坐下來，讓身心能夠逐漸凝聚，達到默照同時運作，這是事修。

事修要從最基礎的工夫開始，也許你理上通了，但如果回到事修最基礎的部分，你卻做不到，那表示理事之間有障礙，兩者是不通的。

用功時，可能會有很多妄念，並出現不舒服的身體覺受，假如每一個起現行的事相，我們都要一樁一樁地處理它，腿痛治腿，其他不舒服的部位也要一一對治，這麼一來，我們就會不斷受到這些外境干擾，無法很好地用功，所以此時要回到理。理的原則就是：用功時，一定要用方法。方法由我們自己設定，它必須符合我們當下的因緣；方法的功能是要將我們內心本然性的功能，即默與照的作用凝聚，而得以順利運作、發揮。

所謂用功即持續用方法

清楚了這點，往後再有各種不舒服的覺受，或遇到任何的問題，我們就會知道這只是一個過程，然後就能把心拉回到方法上，繼續用功；同時也會知道，方法是為了讓心本然性的功能得以發揮。通過採取適合當下因緣的方法，其作用是由外而內的，內在的作用，即心本具的功能，會在用功的過程逐漸發揮，最後達到內與外、理與事的貫通。一旦兩邊貫通了，不論我們處於何種狀態都能自然面對。像是發現自己工夫用得不是很好，或是在一段時間用功後，發現自己經歷了上下起伏的過程，例如上一支香坐得好，這一支香卻坐得不好，或上個七打得不錯，這個七卻狀況百出，但因為我們知道自己尚未達到不退轉的狀態，所以境界雖然會上上下下，但只要把握好用功的原則，不論過程中事相如何顯現，都不會受其干擾，也不會退失用功的信心。

即使用功的當下，你處在一個比較差的狀態，你也會明白這只是一個過程；同時也知道雖然現在的身心狀態比較粗，但還是有對治、調和的方法，可以好好地用這個方法；或許你上個七打得很好，身心達到某種程度的安定，甚至達到了統一境，而這回的禪七，你可能因為在調整的過程發生一些事，產生一些干擾，導致先前用功的狀態散去，所以現在用功便發現身心狀態沒有上個七好，這也沒有關係，只要依你現在的狀態用功即可。同樣地，上支香坐得很好，而這支香因為在先前出靜的過程中，發生了一些事，或是你自己本身有些狀態起現行，使得你這支香無法將上支香的方法用上去，或是用得不得力，此時就要自覺現有的狀態是什麼，能夠用什麼方法，那麼你就用這個方法，繼續用功。

所有的方法都是在幫助我們調和身心，讓自心本具的默照功能，得以逐漸凝聚、發揮。清楚用功就是這樣的一個過程，不論用功的當下狀態如何，只要依當下的條件和因緣，採取合適的方法用功，這樣就是真正的用功。因為這當中沒有假設，也沒有求什麼境界，只是回到當下，這正是修行者最重要、也是最根本的態度。然而，大部分的人都還有追求的心理，它來自人的慣性、習氣，也可說是世俗的心。我們還保有世俗的心，是因為尚未達到出離的境界，還無法在當下用功，一旦發現自己有這樣的心態，要立刻調整。當然不太可能完全清除世俗的追求心，但只要對修行原理有一整體性的理解，也對當下狀態有清楚的覺察，我們在用功時，就能持續地保持在正念上。譬如現在我們的身體安定了，接著要依現有的狀態來調和身心，如果你能夠很放鬆、很敏銳地覺照全身，你就以這個默照的前方便為方法來用功；適合數呼吸的人，就先把呼吸調好，然後自然地呼吸，接著數它、隨它，讓心逐漸地凝聚，直至達一心不亂。

在這個過程中，我們之所以能夠數息、隨息，乃至心得以逐漸凝聚、統一，這都緣於專注與覺照的作用——不只是數呼吸。事實上，這是所有方法運作的基本原則，也就是透過方法，讓心默／照（定／慧）的功能，得以凝聚、統一，使其自然而完整地運作。所以用功時，一定要有專注和覺照的作用，如此才能順利發揮心本然性的功能。至於所用的方法，則視每個人的狀態與程度而定，以念佛為方法的同學，經歷的同樣是上述的過程，只是改以佛號為專注與覺照作用所依的緣與境，但兩者發揮的是相同的作用。

不過諸位可能也發現，呼吸的方法，因其所緣在身根，所以是比較外在的，至於念佛，則是意根的作用，故較內在。話頭和念佛則較相近，次第上是先念話頭，在念的過程中，以所念的話頭做為專注與覺照的所緣境，讓心與話頭逐漸統一。因此，方法雖各有不同，但經歷的過程則相同，都是依所緣境，凝聚專注（默）和覺照（照）的作用。我們用默照禪前行的方法，也就是覺照全身，那是以身根的觸覺做為所緣境，同樣是要達到專注與覺照作用的凝聚，不過這個方法能夠比較直接地達到身心統一，當身心統一時，也代表默照能同時地運作。

止與觀是一體的運作

此處請諸位留意，達到默照同時、身心統一的境界，並不表示禪法的完成，因為此時的作用，還是以「默」為主，而「照」在這個狀態中的作用，只是在事相上的照見當下因緣，至於所謂的「統一」，是指「心止於一境」，此時專注與覺照的作用當然是同時運作的，不過傳統禪法因較著重於定，或稱之為「一心」的用功，所以用功的次第上是先止後觀，但我們也發現所有的方法假如只側重於止，或是偏向定與默的方法運作，那是不可能達到統一境的，因為它終究會落入無記的狀態，使我們的心沉下去，不想再動。所以，傳統的禪法雖提出先止後觀的修行次第，但實際運作上，即便工夫是偏止的，但觀的作用仍在，換句話說，止觀是一體的運作，兩者是雙運並行的。

以用呼吸的方法為例。當方法依上述次第運作時，我們以呼吸為心的所緣境，專注在方法上，此時會發現若沒有覺照的作用，我們是不可能專注的，因為要達到專注，就一定得清楚地知道，自己的心正專注在方法上，這樣的專注才會是不動搖的，亦即不會被其他的境所干擾，能夠契入這樣的狀態，即是默（止），而這整個過程，照的作用亦同時運作著，能夠做到這樣的用功，專注與覺照的作用，就會慢慢地凝聚。

然而，我們平時的狀況，往往是兩個作用分開在運作，或兩者是混濁、不清楚的，以致於在用方法時，若是不了解上述止觀雙運的原則，就會覺得自己這正在用功的心，似乎有些清楚，但又不是太清楚，這就好比有些人用數呼吸的方法，我們說他數得「斷斷續續」，就是他專注呼吸的狀態是斷斷續續的，他的心時而放在呼吸上，時而又被妄念帶走，但因為他沒有用覺照的心用功，所以沒有警覺到自己在某一階段是專注的，而到另一階段心就散了，當這顆散心又發現自己專注在呼吸上了，那麼方才那個階段，是在覺照的狀態還是怎麼了？感覺好像不是很清楚。為什麼會這樣呢？因為此時他的專注與覺照作用，是混濁、不清楚的。

諸位是否也有這樣的狀況呢？一個階段有專注，有把心放在呼吸上，另一個階段也有專注，有把心放在呼吸上，不過這兩個階段中間，似乎有一段失去了覺照，但由於此際覺照的心並不敏銳，且又和專注的心混在一起，於是你會覺得對這個階段是不清楚的。這就是為什麼有的人用方法，用到以為自己能夠隨息了，可是要他數息的話，他就數不到了，因為他的專注與覺照作用，並不是真正的凝聚，而是混在一起。他覺得自己隨息用得不錯，其實只是覺得自己有注意到呼吸，但實際上，他是時而專心、時而散心的，散心時，沒有以覺照的心用功，此時就是處在一種無明、不清楚的狀態，等到覺照的心又提起，他就以為自己的心一直有注意到呼吸，而他會如此認為，是因為覺照的心不敏銳，又和專注的心混在一起用，才會出現這樣的混淆。

如果你也是這樣子用功，那麼你應該會發現，為何自己隨息隨了那麼久，工夫都無法再進步呢？當然沒辦法進步！因為你的心是混濁的，但如果你在用功時，能夠很清楚自己的心沒有專注在呼吸上，清楚知道自己的心被帶走了，那就表示覺照的心被提起了，如此你就可以很快地把專注與覺照的作用，再拉回到方法上，讓這兩個作用再度同時運作。

至於「數」的方法，其功用在於加強或幫助我們達到默照雙運的效果，讓我們可以很快地警覺到：「我的心散掉了！」而在覺察的當下，能夠不疾不徐地把心收回來，放在方法上。通過這個過程，我們得以覺照到自己的專注，同時將專注與覺照作用凝聚，直至兩個作用統一，這時就不需要數字來加強警覺的心，就能把數字放下。接下來的工夫，只需要把心持續地保持在所緣的境上即可，此時，只有已經凝聚的心，以及默照的作用和方法，同時我們又很清楚自己專注在方法上，漸漸地，當方法與心也統一了，這時就達到了「心止於一境」的統一境，也就是「止」。當我們循著這個次第用功，所緣的境才能夠發揮其功能，成為我們用功的方法，並在過程中讓修行工夫逐漸提昇。

當發現用功過程有各種狀態出現時，我們首先要清楚的是，自己的心有沒有在方法上。假如心沒有在方法上，那表示心已跟著境轉，換言之，專注與覺照的作用已經鬆散了，所以此時是不安定、不專注的。而如果連自己是這樣的狀態都不知道，心被境拉著到處跑，那表示覺照沒有起作用，也就當然沒有在用功了。另一個狀況是，處在一個很好的境，例如達到某種程度的輕安境，這時方法也可能不見，因為心已被這個境轉，那也不是在用功；反之，如果在這種狀態中，心還是在方法上，沒有被帶走，那就表示心仍處於默照統一的「一心」狀態，所以還是在用功。

默與照是同時作用

用功就是默和照的同時作用，所緣的境可以是身根，方法可採整體的覺照，也可採掃描式，局部、逐步的覺察；其他的方法如注意呼吸，或是提起佛號、話頭等等，所有的方法發揮的功能皆然，都是為了達到身心統一的狀態。在此統一境裡，專注與安定的作用會比覺照更明顯些，但覺照的作用仍在，且兩者是統一的，這表示專注與覺照通過逐漸地凝聚，已達到統一，此時才是真正的默照同時、身心統一。

依次第的修行而論，上述的統一狀態可歸納在「止」。但此所謂的止，並非全無觀的作用，因為若無觀的作用，這樣的止就會落入無記或無想定。如果依照傳統上較強調次第修行的方法運作，我們可能會在專注時，過度強調專注的作用，使得覺照的作用在不斷放鬆、安定，甚至是達到輕安境的同時，便沉下去而不想提起來，這就是過於偏向止或定的作用，導致落入無記、無想定。

因此，六祖惠能大師與歷代禪宗祖師大德，提出更直接的「定慧一體」，用意即在於提醒學人，方法運作時，要盡量達到止觀並行、默照同時的運作，清楚當下的因緣與狀態，而同時心完全不被動搖；當心專注在一個境上，它對境就會是清楚的，換言之，觀照的作用仍在，循此修行次第，也就是傳統上先止後觀的方法用功，就能漸漸契入統一境。此時，止當中同時有觀，爾後再加強觀的作用，傳統禪法用到這個程度，就能進入更深的定，即色界的四禪定與無色界的四空定。

色界的定，雖已屬深定，但覺照的作用依然很敏銳，並且持續保持。和我們目前的用功程度相比，色界的定止的工夫更深，因其仍保持敏銳的覺照作用，所以我們仍將之視為重要的修行禪法。色界的四種定稱為「四禪定」，常言謂之「禪」，其出處就是由此而來；此外，「禪定波羅蜜」中的禪定，重點也是放在四禪上。要注意的是，四禪必須在靜中或是定中修，不能從動中修，因為動屬於欲界，而色界則已進入定的狀態。至於無色界的四空定，則定的境深而慧的作用淺，而且不容易發揮，所以一般傳統上的說法，會認為這類深定比較容易掉入無記。

動中修是中國禪宗的特色

修行者為了讓心能夠進入比較深的四禪定，必須長期、持續地保持在打坐的狀態，也就是靜中修，傳統的印度禪法或現代的南傳禪法比較容易做到這點，因為他們的出家眾在修行時，可以進入深山中全然地用功；不過，中國禪法或中國佛教的運作就不容易做到了，因為我們必須面對許多現實的日常事務，因此之故，中國禪法特別強調動中修，這點可說是中國禪法的特色。

動態中用功，覺照的作用必須很敏銳，否則一者動中很容易失去覺照，再者覺照的同時可能就無法更好地專注。中國禪法特重定慧一體、止觀雙運，運用方法時，身心要在調和的過程，先達到某種程度的安定，即使此時還不是深定，但也要先契入身心統一的狀態。簡言之，如何達到身心統一，是大乘三昧與大乘禪法較側重的部分，方法是通過禪法的運作，讓專注與覺照的本然性功能自然發揮，以至達到定慧一體、默照同時、身心統一的狀態。這樣的方法，即使在動態中也能運作，不過靜態中的用功，還是能讓它發揮得更好，所以藉著靜態用功讓身心達至統一境，爾後不論是靜是動，都能更好地運用方法。

方才提到，中國禪法以動中修為特色，當通過靜態用功達到身心統一，再將其應用在動態的各種事務時，照的作用也會發揮得很好，因為外在動作的同時，內心仍維持著定。所以《六祖壇經》提到「定為慧體」，六祖將兩者結合為一體，不再分開，而在內者為定，顯發於外者為慧，故又稱「慧為定用」。

這樣的解釋，在傳統禪法中是沒有的，可說是中國禪法所特有。依此說明，我們在用功時，若尚未達到身心內外的統一，就還需要根據個人的身心狀態，先循傳統禪法的次第運作，達到身心統一，也就是以止為主的身心狀態，再進一步發揮智慧的作用，這時，照的作用就必須有更好的發揮，所以這個階段的用功，依修行次第而論，屬於觀法，此所謂觀並非是沒有止的觀，觀必須依於止，才能讓慧的作用發揮得更好，唯有讓慧的作用完整發揮，方能清除所有的煩惱、負面心理與雜染念頭，這才是真正的解脫。

如果用功到某個程度的身心統一，或達到了輕安境，便會發現，這些狀態還是比較偏止，雖然此時觀慧的作用也同時運作著，但若是發揮得不夠深徹，人還是無法解脫；而如果在達到身心統一、默照同時的當下，能夠對當下因緣了了分明，那麼在做任何事時，都能對當下因緣做出清楚的判斷，同時心不受其干擾，這樣就能把每件事都處理得很好。

定慧一體所產生智慧的功能

上述的心境，呈現的是穩定與清明的狀態（定），而同時慧的功用也在發揮著，但這還不是究竟的慧。究竟的慧，是在身心統一、默照同時的當下，能清楚照見當下的因緣，不僅是事相的因緣生、因緣滅，還有理性的不生不滅，即法的空性。換言之，敏銳的慧讓人得以見到法的緣起現象，更見到法的本性是空。見到法性本空，即能體證無我，這時便無「能觀的我」和「所觀的我所」，並且發現所有的境之所以相對，都是由於因緣的生滅而顯現，所有相對既已在照見法的空性下泯滅，便再也看不到一個所謂的我，這就是無我的智慧。

有了無我的智慧，面對任何事時，一則能很清楚地知道該如何處理，再者心亦不受任何外在的境界干擾，因為此時已見到了空性，體證了無我，便不會再以自我中心的執著來處理事。有些人即使身心統一了，處理事時的自我中心仍在，真正見到了本性，見到了無我，自我中心就會沒有了，這才是真正默照的悟境。

回到我們自身的狀態。如果現在只達到身心統一、默照同時，從次第的禪門而論，還是比較偏止，所以我們要讓觀慧的作用，能更深徹地照見無我，這才是修行所要完成的目標，也就是見到空性，見到清淨的自性。

綜上所述，我們現階段所用的方法，之所以較偏重於靜態，原因在於我們的心是不安定的。其實大部分的人覺知的作用都相當有力，意識層面的思惟能力也相當活躍，但也因此，定的工夫就顯得很不足。我們在動態中不斷地覺知，心隨著這些覺知的狀態不停地轉動，這就是有照而沒有默，所以要採取次第禪門的靜態方法，藉著這個過程讓我們清楚知道自己的不足處，就在於心的不安定。

修行禪定止觀，必須按其次第由靜起修，目的就在於先對治有照無默者的通病。大部分人在現實生活的慣性裡，覺知作用大量地運作，但在覺知的同時，安定的作用愈來愈不容易發揮，也讓心益加地不安定。人的現實狀態就是不斷地追逐，不斷地產生煩惱，讓心失去了安定。而對治這個問題的方法，首先就要從加強安定的力度著手。但要注意的是，在加強的同時，覺照的作用亦不可忽略，否則，當安定的力度加強，心進入較深的定後，如果照的作用沉寂了，就會失去覺照的心，而掉入睡眠或昏沉、昏昧的狀態裡。昏昧的狀態表面上看似靜定，但實際上，這個靜定是無明、無記的。大部分的禪修者在修行過程，都要經歷這兩端來來回回的調整，有時是覺知的作用太強，那就要加強專注的作用；過程中又太偏止，就要強化觀的作用。但是在用功初階，安定的作用還是比較需要先行調整的，所以禪法才以靜態的方式入手。中國禪宗為了讓修行能達到更好的效果，而提出更直接的「定慧一體」，但回到事相上的運作，仍是依循次第，先從止的工夫起修。

諸位在此用功亦然，還是要先回到由定發慧的次第運作，先在靜態中用功。這個階段比較偏向止的工夫，但照的作用仍在，直至用功到身心統一、默照同時，再加強照的作用，使其更加地深徹，以達到「照見五蘊皆空」的無我境界。一旦工夫達到這種程度，就會發現照見五蘊皆空與無我是很容易的事，但在此之前，像是依我們現在的程度，就會覺得這太難了！為什麼呢？因為我們有太多的雜染、干擾，即使有覺知的心，但它都是在動亂的狀態裡，無法敏銳而深徹地見到一切法的緣生緣滅與當下是空。若要讓照的作用敏銳深徹到能見到當下的因緣是空，心就必須處在默照同時的狀態，換言之，心必須以安定為基礎，才能夠敏銳地照見，所以定的作用，即默的穩定性一定要與照同時運作。當達到默照同時，如果此時照的作用還不夠深徹，心就只能照見當下的因緣生滅。因此，接下來所用的方法，著重在持續加強照的作用，使其得以照見生滅中不生不滅的本性，也就是空性。

相較於中國禪法的照是直觀的照，傳統禪法的觀則加上了一些思惟的作用，換言之，在觀各種因緣生滅的同時，傳統禪法還加上了思惟。其思惟的依據為何呢？即無常、無我的法則。因此，在修行來到這個階段前，必須先建立無常、無我的正見，才能在深觀事相時，以理來印證事相，同時以事相來印證理，這當中所加上的思惟，就稱為觀。傳統禪法有所謂的「觀心無常」、「觀法無我」，如果能觀照到這兩者，理與事即能互相印證，便是證悟了「理事無礙」。

直觀的當下照見空性

不同於傳統禪法在觀的同時加上思惟，默照則是在直觀當下因緣生滅的同時，即照見無我與空性，也因此，默照需要有更安定的心，與更敏銳的照的作用。至於話頭，則是讓專注與覺照的作用達到某個程度的統一後，生起疑情：我現在看到能觀與所觀了，觀所觀是因緣生滅，但是為什麼會有能觀的作用？這個作用是怎麼生起的？要往更內層去觀它，是否是因還有一個「我」在觀呢？這個「我」的作用是怎麼一回事呢？可以說，話頭的方法，就是不斷地往內問：我所以為的我，以及能觀的作用是什麼？通過這個過程，不斷地看到內在的本來面目，而這樣的方法，身心也必須達到統一的狀態，話頭才有足夠的力量，能不斷地往內問。

總結上述即可發現，所有方法的運作，大抵皆依循著共同的次第。即使我們拋開傳統的方法，採用中國的禪法，但實際用功時，還是要通過次第修行，達到專注與覺照同時運作，當默照同時了，心本然性的功能即可自然顯發。

接下來，用功的重點在於以觀慧斷煩惱，此時照的作用持續加強，直至照見五蘊皆空，證悟無我，人即得解脫。同時我們發現，這個階段的用功變得很簡單，並且相當直接，尤其是禪法，可以很直接地達到效果，不過它有個前提，即必須達到統一的狀態，這是這個階段最基本的工夫條件。

各位依此原則審視自己，是否達到了統一的狀態呢？如果是，不論你用的是默照、話頭或其他方法，你都會發現，方法可以很直接、很容易地用上去；反之，如果方法一直用不上去，就表示你先前的基礎工夫還沒做好。用傳統的觀法亦然，假如坐在那裡，身心都不安定，表示你尚未達到止，在這樣的狀態下做觀想，無非只是一種普通的思惟。普通的思惟有作用嗎？有，可以讓你在理論上有多一點的了解，然而這不是慧觀的直透，這兩者是顯然不同的。

所謂智慧的修行，是由聞、思而後修、證，如果沒有止或定的工夫，我們就不是在「修」，而僅在「思」的階段，不斷地思惟而已。思惟可以加強我們的正見，但是無法達到修而後證。為了達到究竟的證悟，我們必須修行，修行則是依止做觀想，依定來修慧，對此一定要有很清楚的認識。

現在回到自身的工夫上。諸位的工夫用到哪裡了呢？如果還在放鬆身心，就繼續放鬆身心；如果已經在數呼吸，也請繼續數下去；若是能隨息了，就繼續隨息；能覺照全身就覺照全身，能念佛就念佛，能念話頭就念話頭，一直念到一心不亂。先把這一部分的工夫用好，讓心在這個過程裡統一，達到默照同時的運作，接下來再來談更深一層的修觀或修慧，再來修更深的照的工夫。

把握了以上原則，再回到我們自身的用功，不論過程中出現什麼狀態，只要時時看顧好自己的工夫是否還在，自己有沒有辦法回到方法上用功，如此就能隨時地把工夫用好。換句話說，不論處在何種狀態，你都是在用功的過程中，不用刻意地追逐什麼，也無須假設現在要用什麼方法，你都能安心地在方法上用功。

〈第四講〉

禪法的修習次第

由先前介紹的禪的運作可從中發現，原來中國禪法也是很完整、很有次第的。針對這點，我們向來比較缺乏信心，這可能是因為常聽到一些對於中國禪法的批評，認為較之其他系統禪法，中國禪比較缺乏完整性，但其實這是一種誤解。

至於誤解的產生，是由於中國禪在後期以至近代的傳承上，出現了斷層，雖然表面上法脈的傳承仍在，但最重要的心法與完整禪法的傳承，則顯得很不足。近代的禪宗大師們做研究時，對此都有著相同的感慨。但究其實，中國禪法其實是很完整的，觀諸天台宗整理的止觀法門，從《禪波羅蜜》（全稱《釋禪波羅蜜次第法門》）到《摩訶止觀》，再加上《六妙門》（全稱《六妙法門》）、《童蒙止觀》（全稱《修習止觀坐禪法要》，亦稱《小止觀》）等著作，即可窺見中國禪法的完整性，並且這樣的禪法系統，直至現今仍持續運作著。

中國佛教的特質在禪

而將禪法中國化的關鍵角色，當屬六祖惠能大師。他將中國當時汲取於印度與傳統禪法的系統做了一番爬梳後，發現它已發展得相當豐富，甚至變得過於繁瑣，以致於在學習與實踐，產生了困難。六祖通過化繁為簡的過程，從這套龐雜的系統中提煉出最中心的思想，並將其化為很簡單的觀念，用很直接的方式傳授，這些在《六祖壇經》中都有很完整的說明。

六祖當時的中國佛教，已完成了自己的體系。例如先前提到的天台宗止觀禪法，思想上有天台、華嚴等宗派思想，此外還有重要經典的傳授。我們知道中國佛教和印度佛教及藏傳、南傳佛教有其不共之處，而差異的形成，就和佛教在中國的體系化過程有著密切的關係。

相較於南傳佛教系統，一般認為更接近原始佛教，中國則由於本身文化已具高度的發展，所以佛教經典東傳後，除了吸收並與之交融，還經歷一些抉擇的過程。因為早期的佛教經典與中國的國情是有差距的，這種情形一直要到大乘佛教傳入，中國人發現大乘的精神與思想更契合本有的文化，爾後就大量吸收，與之相互融攝。中國佛教除了吸收許多中國原有的文化，也揉合了大量的印度佛教思想，這是一個很特殊的文化移植過程，通過這個過程，中國佛教漸漸形成了自己的特色，並完成了自身的體系。

在這綿長的形成與發展歷程中，禪宗的禪修法門，始終是中國佛教非常重視的一環，所以太虛大師提出了一個很重要的觀念，即「中國佛教的特質在禪」，他有一篇文章〈中國佛學特質在禪〉，把中國禪的發展，從最初印度佛教傳入時的禪法系統談起，爾後天台宗、禪宗建立，這個階段禪法系統的演化與特色，接下來禪宗開枝散葉，禪法又發展出哪些面貌，當中亦論及中國禪法後期，與淨土宗結合的歷史脈絡，從而發展出「禪淨共修」的觀念。太虛大師的這篇論文，詳盡論述了中國禪的發展。

之所以和各位提到這篇論文，是因為中國禪法在六祖惠能之後，提出了各種化繁為簡的方法，這些方法的共通性，似乎在於頓悟，即所謂的直透，讓人以為通過這樣的方法，便能很快地有所體驗。當然這是中國禪宗的特色，這樣的特色亦生動地呈現在各種禪門公案、語錄之中，讓人覺得這些紀錄中的禪眾，好像不用像我們現在得進入禪堂一步一步地學習禪法，為何當時的人都如此利根呢？但若深入當時禪法的實際運作，便會發現他們其實都未離開方法最基礎的部分。

傳統禪堂的運作，最主要的兩個實修方法，一是靜態的坐香，二是動態的跑香。我們現在所說的「監香」，諸位知道「香」是什麼意思嗎？香就是時間，坐香指的是點了一支香後，坐到香點完為止。香有長短之分，傳統中國的時間算法，長香為一個時辰，短香為半個時辰，用現行的時間算法，前者是兩個小時，後者是一個小時。請諸位想像一下，如果你現在在禪堂打坐，卻連最基礎的工夫都沒有，盤腿、調身、數呼吸、念佛等一概不知，你有辦法乖乖地坐上一個小時以上的時間嗎？想必很難。這就是為何法鼓山禪堂的運作，要分為初階、中階，以及默照、話頭等不同層次的禪七了。

進禪堂的資格審核

如果你要參加進階的默照或話頭禪，甚至是很多人想報名的禪四十九，都必須經過審核，根據報名表格裡填寫的參與課程次數、學習過的禪法類別等，做為我們錄取與否的依據，如果沒參加過進階課程，或是參加的次數很少，這些人就會被先行排除，為什麼呢？因為他們別說坐一個小時，說不定只坐十五分鐘就想出去了，不但他們自己無法好好學習，可能還會干擾其他禪眾。至於能進階的人，以禪四十九為例，所用的禪法是以默照為主，課程自然是以教授默照禪法為主，我們說默照禪屬於頓悟法門，所以在禪堂內，要聽的就是這個法門究竟是怎麼頓悟的。這時還要像教導初階禪眾一樣：「來！盤好腿，然後挺腰、含胸……。」要這樣一步一步教學嗎？沒有了。這些課程在初階時就要建立好，進階時或許還會教一些，在比較密集的課程，也會稍微複習一下，但真正進入更深的禪法階段，這些基礎工夫應是無須贅言的。

聖嚴師父後期在西方傳授禪法，如果教的是默照或話頭禪，同樣都要經過報名與審核，看報名者有沒有參加過初階或進階的課程，打坐可以坐多久，或是有過什麼樣的禪修經驗。你們有填過這樣的表格嗎？應該大部分的人都有填過。填寫這些資料的目的，就是要知道每個人的大致狀況和條件，判斷哪些人可以進禪堂，哪些人還不行。從前的叢林禪堂裡，或許沒有像我們這樣要填寫表格，但必仍有其審核的過程，完全沒有基礎的禪眾，是不可能進到禪堂的。

虛雲老和尚是在五十六歲時，於高旻禪寺開悟的，但若非他先前已勤修了三十餘年，要開悟哪有這麼容易！根據當時的紀錄，老和尚在進入禪寺前，也經過了很多的考核。關於當時禪堂的運作，如何教授默照或話頭等高階禪法的紀錄，雖然都未提及打坐的基礎工夫，但不表示這些過程不存在。事實上，當時的十方叢林，是開放給所有的禪眾前來參學的，所以禪修的基礎工夫，若不是在禪堂裡運作，也必然是在叢林裡進行。假設某段時間叢林裡有高明的禪師駐錫，或是堂頭和尚（住持）要親自帶領禪修，他們教授的是比較高階的課程，這時基礎工夫不夠的禪眾們，可以來叢林親近大禪師或善知識，但要進入禪堂參與課程，就不太可能了。

六祖惠能大師之後，禪宗的法脈開枝散葉，有許多大禪師於各地傳授禪法。例如神會禪師來到洛陽北方，六祖弟子也有不少人到了嶺南地區，所以後期參禪風氣最盛的區域，即屬江西與湖南兩地。當時有所謂「跑江湖」的說法，指的是要學習禪修的人，就得江西、湖南兩地來回跑，事實上，「跑江湖」的範圍不僅這兩地，由於這個時期高明的禪師輩出，所以十方的禪子都必須到不同的地方參學，透過這個過程，禪宗的各脈傳承便延續了下來。

根據當時的資料記載，這些禪子們其實都已有了很好的禪修體驗，所以一進入禪堂，禪師有時只要幾句對話，就能知道這名禪眾更適合向哪位禪師參學，便會介紹他過去請益，這種情況屢見於當時，可見很多參學的禪眾，工夫實是相當好的。其中最著名的例子，就是六祖與永嘉大師的對話。永嘉大師前來曹溪參禮六祖，兩人只講了幾句，永嘉大師即獲得了六祖印可。大概是當時天色暗了，上路不便，於是六祖讓永嘉大師住了一宿，這才有了讓後人津津樂道的「一宿覺」。永嘉大師著有《禪宗永嘉集》、《永嘉證道歌》，他在禮參六祖之前，即已精修天台法門，並於天台止觀的修行裡，有著極高深的體悟，因而能與惠能大師，進行如此簡短卻精彩萬分的交鋒。

中國禪法有完整的次第

由此可見，當時禪法的學習，也有完整的次第，雖然基礎的部分沒有寫進禪宗的文字記載裡，但不表示不存在。我們讀著禪宗典籍，以為當時禪師們教授的都是頓悟法門，而生起了疑惑：為什麼要那麼直接地教授頓悟法門，而不教導基礎呢？現在大家就明白了，其實是因為這些禪眾已有很好的基礎，甚至是有了體驗後，才來參禮禪師的，他們前來的用意，往往是為了相互印證。不要以為只有禪師印證弟子，弟子也是要來印證一下禪師的。所以我們看到許多師徒間的對話、公案，都非常地精彩，而這些弟子之所以前來參禮禪師，也不會是無緣無故的，他們往往都有著很深厚的背景，或是已通過完整的禪法修學，得到了很好的修行體驗，只是這部分在公案的紀錄中，沒有直接地談及罷了。

在《六祖壇經》中，惠能大師教的是很直接的「定慧一體」方法，於是很多人誤解，以為禪修不用修行。其實所謂的定慧一體，還是有其修學的次第，不論是先止後觀或先觀後止，方法的運作必然是不可或缺的。當年聖嚴師父在教默照時，也是經過了這樣的程序，有時是依據傳統的默照禪法，以「只管打坐」為方法，這樣的方法是比較偏止的；有時師父會教我們「覺照全身」，這就是從觀下手的方法。初學階段一定會有這樣的前方便與次第地運作，而不論用什麼方法，其中心思想必定是「默照同時」、「定慧一體」。同時也明白方法的運作，其實就是要發揮心本然性的功能，清楚了這點，我們在用方法時，就能從有次第用到沒有次第，有方法用到沒有方法。因此，修行是一個理事貫通的完整歷程，虛雲老和尚是在三十一歲時，由天台宗融鏡法師教予他「拖死屍是誰？」的話頭，爾後行腳參學、研究經教，虛老都不曾將這句話頭放下，因為他一路老實地用方法，奠下很深厚的基礎，才能在五十六歲時一次開水濺手茶杯墜地的當下，有了虛空粉碎的頓悟。可見達到頓悟前的一切次第與方法，不但存在而且非常重要。

中國禪法以化繁為簡為特色

總地來說，包括禪宗、天台宗在內的各種中國禪法，都齊備了上述的完整性。觀諸中國翻譯的大量佛教經論，有很多屬於禪經或與禪法有關的典籍。所以即便中國禪法以化繁為簡為特色，但此特色仍是以修學次第的整體性為基礎。設若化繁為簡的「繁」不見了，這個「簡」就沒有了，「繁」的基礎就不是化「繁」簡化而來的，這「簡」是籠統或渾沌，乃至無記，失去了圓融與豐富性，換句話說，中國禪法是在豐富與紮實的理論方法為基礎上，才將之簡化的，這樣的一種簡化，才是有智慧的分別，真正中國禪法的「簡」，不論在層次與內涵上皆具足基礎，故中國禪法融攝了方法次第的完整性。故失去了或沒有「繁」為基礎的「簡」，因沒有了深厚與豐富的依據，就是籠統而渾沌，甚至掉入無記、無分別的「簡」，與禪化繁為簡的「簡」，是大相逕庭的。

很多時候，我們看到禪修者在方法運作中落到了無記，之所以如此，往往就在於對化繁為簡的「簡」產生的誤解。現在我們理解了，就要回到次第的完整性上來學習。方才提到法鼓山舉行的各項禪修課程，決定報名者是否能錄取，就要看他們先前有沒有參加過我們所辦的課程，不論是在總本山、在分院，或是在美國學的，都要先看他們先前的學習紀錄，如果曾經參加過課程，就表示他們有依循法鼓山禪法的修學次第學習，這樣他們接下來進行的課程，所學習到的就會是更完整且紮實的法鼓山禪法。

至於高階的課程，例如禪四十九，一進到禪堂，放的都是聖嚴師父的開示，講的都是默照的內容，而省略了基礎的工夫，那麼這些參與禪四十九的禪眾們，他們的基礎工夫從哪學呢？還是從法鼓山的初階、進階課程來學習。所以錄取一名禪眾參與禪四十九之前，我們就要看他是否循著法鼓山的系統，也就是聖嚴師父建立起的這套禪修體系來學習，如果他先前都是跟著這套系統循序漸進地學習，那麼他再進來修學禪四十九，透過這四十九天的用功，他必定能學到更精進、更完整的禪法；而另一方面，法鼓山本身也透過這些禪眾的參與，得以讓這套完整而次第分明的禪法體系，很好地傳承下去。

相較之下，過去的中國禪林對於接受前來修學的禪眾，基本上並沒有規定一定要是曾在自己的叢林中學過禪法，禪眾們可以是在其他的道場、寺院學習，或是在別的叢林參學了一段時間後再來，他們也是接受的。換句話說，叢林所接受的禪眾，他們所學習過的禪法，或許不是叢林本身的分院乃至於下院教的禪法，而可能是從諸如天台宗等別的宗派或其他寺院習來的禪法。當時叢林對於禪眾訂下的條件，簡單來說，就是只要具備修行的基礎即可，至於這個基礎是如何建立的，則略而不究。因為當時中國禪法處於十分興盛的時期，很容易可以學到這些基礎的工夫，不論是要去找一位有底蘊的老師，或是自己從資料中學習，這些途徑都很容易。透過基礎的修學，一段時間之後，發現自己具足了條件，為了要得到更好的修行體驗，所以要進入叢林道場或寺院，親近、參禮更有修為的禪師，接受他們的深造。凡具備足夠條件的人，叢林基本上不會干涉他先前的學習基礎是如何建立的，但反過來說，如果基礎不夠，即使是再有心學習的人，一般上還真的是進不了，設若讓他進來學習了，恐怕他自己本身也會受不了。我們都有聽過一些關於叢林的傳說，例如曾有禪眾打七打到了一半，便趁夜晚四下無人爬牆溜走了，雖然這些傳聞無法驗證其真實性，但它反映的一點則是絕對真實的：沒有基礎就想學習高階的禪法，結果肯定受不了。

同樣地，我們法鼓山的高階禪修，如果少了審核錄取資格的過程，只要報名的都讓他們進來，結果會怎麼樣呢？可能一個七打不到一半，就有一半的禪眾不見了。可以想見，一個完全沒有基礎的人，興沖沖地就報名進來打七，不消說打到一半，恐怕只打一天他就想逃。馬來西亞有一些初階禪七課程，是開放給沒有基礎的禪眾參加的，這些人當中，有的人在第一天就腿痛得快活不下去，問題是才第一天呢！接下來的日子要怎麼過呢？於是他們就算時間：還有六天、還有五天……，這樣要怎麼用功呢？透過這個實際狀況，我們就了解到，錄取的程序乃為必要，一來是能建立禪法次第的完整性；再者對於前來參加的禪眾，我們因為了解他們過去的學習經歷，便能給予他們最合適的課程建議，至於通過資格審核的人，對於我們所安排的密集練習，或是更進階、更專門的課程，我們才能把握他們能夠很好地銜接上這些課程，跟得上進度用功。

中國禪法有完整的系統

回溯到禪宗最興盛的時代，當時的禪法在運作上必然也是如此。究其實，中國禪法一直以來都是非常完整且有系統的，直至禪宗出現，這個系統性仍在，只是禪宗的禪堂所接引的弟子，必須和其設定的條件相符合，方能進入，換言之，在進入禪堂前，他們就必須具備足夠的修行經驗，經歷過完整的學習，這些經驗和學習並非在這座叢林的禪堂裡完成的，而他們之所以來到此地，目的是為了完成最後的頓悟法門，至於前面的工夫，我們看到很多禪師，他們或者是到叢林的禪堂裡親近某位老師，一學就是二、三十年的工夫，他們所學習的，就是一套次第完整的系統。

至於法鼓山的系統，則是由聖嚴師父所建立的。從初階、進階，到後來的專門課程，每個階段錄取的標準都不同，假如沒有經過完整的學習，勢必無法進入高階的課程。不過師父還是開了一些方便，例如社會菁英禪修營課程，就是為了接引一些平日甚為忙碌、較難具備足夠條件的禪眾們所設計的。因為他們大多沒有禪修基礎，所以課程中聽師父開示的時間很多，打坐的時間相對較少。這樣的安排，考量的是這些社會菁英，恐怕很難要他們循序從禪訓班、禪一、禪二……，這樣一路學習，所以開個接引的方便，引發他們對禪修的興趣。我知道當中就有不少人，在參加了課程後，自己又從初階、進階這樣一路學上來，並且用功用得很好；另一方面，這樣的接引，亦有利於我們匯聚這些社會菁英的專長，使法鼓山得以發揮更大的社會性與組織功能。由此可見，師父建立的禪法，依循了傳統對於完整次第的要求，同時也開了適應現代的方便，但歸根結柢，禪法完整性的建設，仍是師父念茲在茲的，所以師父在晚年的開示裡，談及許多祖師的思想與著作，甚至將天台、華嚴二宗，也納入其思想系統之中，這是師父在經歷了近代佛法衰微，對於建設中國禪法豐富且次第完整系統的用心。了解了這點，我們在聆聽師父開示時，就更能體會其中珍貴的參考價值，對於我們的修行會有很大的幫助。

諸位現在就順著師父建立起來的次第來用功。過程中若發現自己的基礎工夫，已經可以用默照或話頭的方法，那就用方法；如果工夫尚有不足，那就回到師父的禪修系統中，找到現階段可以運作的方法。

過去師父帶領禪修，教學多以話頭為主。在用話頭之前，都會先帶著大家數呼吸，數到一定程度的統一境，才開始用話頭。可能是在某一回的跑香、打坐，或是拜佛時，師父就會突然地把話頭提出來，而這往往是打坐打了好幾天後的事。在此之前，師父的教學主要是幫大家建立穩定的基礎，因為唯有工夫穩定了，話頭的方法才能夠用得上。

用念話頭、數話頭為安定方法

這是師父早期帶話頭禪的方法。爾後，師父對於話頭的方法，仍一直不斷地建設，直至建立起一套很完整的系統。我們今天用的話頭，即使沒有先用呼吸或念佛的方法達到一心的狀態，還是可以直接地用上話頭，方法就是以話頭取代初階段的念佛與數息，你可以念話頭、數話頭，以此做為用功的前方便。這時所用的話頭，重點在於讓專注與覺照的功能盡可能統一，方法上比較偏止，因為這個階段的心，還是比較粗散且不敏銳的，覺照力也弱，所以通過這個過程，先讓我們把這顆不安定、不清明的心，調至安定清明，也就是先把這顆不默不照的心，慢慢調至默照統一，讓默照盡可能同時運作。爾後，可以同樣用呼吸法，或是以默照的方法，感受身根的觸覺。此時則是從照，即觀的部分著手，清楚照見的同時，也知道自己的心是默的，沒有被干擾，這樣就能達到默照同時。

當我們專注於一個方法時，一定會很清楚地知道自己正在用方法；如果不夠清楚，表示心還是比較粗，那麼可以在方法上加上數字，以此加強覺照。慢慢地，專注與覺照的作用逐漸凝聚、統一，此時就達到不亂的一心，循著數、隨、止的次第運作，然後再用話頭。以念佛為方法的人亦然，達到止後，再轉成話頭。

上述聖嚴師父話頭禪法的運作，其實在傳統禪法的運作中亦所在多有。我們知道傳統禪法最流行的一句話頭，就是「念佛的是誰？」。雖然南宋的大慧宗杲禪師大力提倡「無」字公案，近代也有好些禪師以「無」做話頭，但明、清時由於禪淨的方法結合，很多人都在念佛，所以普遍來說，後期以迄近代的禪堂中，話頭大多仍是以「念佛的是誰？」為主。

當人念佛念到一心不亂，接下來不一定是發願往生，也可轉成參話頭的方法。所以很多禪堂用「念佛的是誰？」的方法，是把它視為一個前方便，藉著不斷念佛，念到一心不亂，當人的心與佛念統一了，再把這「念佛的是誰？」的一念轉為話頭，直接地參它，透過這個參問的過程，就會引發出我們的疑情。

要有生命疑情為基礎

話頭的重要關鍵，就在於疑情。疑情從字面上看，是問話頭時，所產生的疑問，但如果自己對生命沒有疑情，想要在問話頭、參話頭時生起疑情，恐怕也是不容易的。如果你是用話頭的方法，卻沒有在過程中體會到這個根植於自身內在的疑情，那麼你所生起的疑情，可能就只是一些妄念罷了。

有些人用話頭時，動不動就生起一堆疑情，其實都是自己打妄想打出來的。他們坐在那裡參「什麼是無？」、「念佛的是誰？」，在妄想紛飛中，不斷思忖著：「哎唷！好像有疑情出來囉！應該就是這樣。」這些妄念所生的疑情，大多來自於過往涉獵的資訊，而非緣於自身內在的疑情。當人把妄念視作疑情，還是會感覺它有一股猛厲的力量追著自己，假如它追著人一直向外找答案，彷彿猜謎語般，非要找到個答案不可，這樣一定是有問題的，因為疑情不是向外找答案，它一定是往內的。所謂的疑情，是我們在生死的流轉中，乃至此世的成長過程裡，對生命產生的疑問，我們會想知道生命的來源與它的去處，這些疑問才是疑情，不需要特別扣上一個「話頭」之名，我們自己都會動這些念頭，起這些疑問的。

以話頭為方法的禪眾，如果是用念佛為前方便，當念佛念到一心不亂，內在的疑情就會生起；「只管打坐」的人，當真正坐到了只管打坐的時候，這個在打坐的是誰？同樣地，內在的疑情就生起了；用默照的人，當用到了默照同時，此時若未能深徹到見到無我，那就還是有個「我」，一個能所相對的狀態，利根者這時就會對這個「我」生起疑情，至於上上根機者，甚至不一定轉成疑情，而是能直觀無常、無我，或是照見五蘊皆空。還有的人工夫達到一定程度，他不用轉話頭，就可以直接轉念頭，讓話頭或疑情自然地從內心生起。例如有些人念佛念到一心不亂了，他再繼續念下去，念著念著慢慢就生起一個疑情：念佛的是誰？由此可見，禪淨法門的結合可說是一個自然形成的現象，明、清時代的祖師們，可能在一開始是以念佛為方法，當念到了一心不亂，疑情自然生起，於是就轉成了參話頭，這種禪淨結合的運作，成為後期禪堂普遍應用的方法。

還有的人打坐，用的是呼吸的方法，當他方法用得很好之際，忽然間動了一個念頭：這個在打坐的人是誰？這句話就令他生起了內在的疑情，接下來的工夫就轉為參話頭了。可見話頭的作用，在於它會引發人持續提起內在的疑問，這些疑問在我們的生命裡都曾經出現過，只是很多時候我們就放它過去，沒有繼續追問，有追下去的人，則會從各個角度探索，例如從宗教信仰，或是哲學思想的層面持續追索，希冀能找到答案來安心。慧可禪師就是心不安，才要找達摩祖師來安他的心，慧可禪師的心不安，其實就是一種疑情。另外，我們在公案中，常常看到某某禪師跟弟子說：「我什麼都不問你，就只問你『父母未生前的本來面目是誰？』」我想在座的各位，若是被問到了同樣的問題，大概也都會生起這樣的疑問：「真的！父母還沒生我以前，到底是怎麼一回事？」這句話頭，就把我們內在的疑情給引出來了。一旦疑情生起，再用上話頭的方法，它就會很有力量；而如果內在的疑情尚未自然生起，這時所用的話頭，當中所包含的疑問，也會促使我們思考生命的問題，而在思考的過程中，漸漸地引發出我們內在的疑情。

所以問話頭、參話頭，它是一股往內的、自然而生的力量；假如是自己覺得彷彿有了疑情，然後不斷地追問它，非要為它找到個什麼答案，這些都是妄念，都是向外的；凡向外的，一定不是疑情，疑情必然是由內而發，這才符合話頭的運作。如果我們用方法，能用到讓內在的疑情自然生起，甚至是自然地生起話頭來，那就繼續地問，繼續地參下去，如此我們的工夫就會愈用愈好。

沒有生命疑情，難提話頭

方才我們提到話頭重要的關鍵，在於疑情的生起，我們要用功到什麼程度，該具備哪些條件，才能夠做到一提起話頭，疑情便自然生起，這點是我們在用話頭時，首先要掌握好的。假如我們一開始用話頭，身心都還沒安頓好，就想著要追疑情，這些疑情會是從哪來的呢？都是從我們心裡的種種妄念來的。這樣的追逐是對外的，因為妄念都是外在的，是我們日常生活種種雜染逐漸累積而成，以致於覆蓋了心本然性的功能。如果我們是在這些對外的雜染中找疑情，那表示基本的工夫一定用得不好，妄念很多；妄念多，表示身心沒有放鬆，這個時候用話頭，一定都是在妄念上用工夫，這可是禪宗最忌諱的事！在妄念裡找生活、找工夫，怎麼可能找到呢？

如果要用話頭引發疑情，有力量地往內參問，首先我們要清楚自己的身心，一定要很放鬆、安定，甚至是達到了統一境。如果用默照的方法，達到了默照統一、身心統一，甚至是內外統一了，這時再生起疑情來參話頭，也是可以的。另外，還有些人的工夫用到能夠直觀無常、無我，也還是可以用話頭的，而且以他們的條件，話頭用起來會更有力量。

早期聖嚴師父教我們話頭，都是用呼吸的方法，從數息到隨息，漸漸讓心安定下來。此時雖然尚未達到統一，或是不亂的一心，但畢竟是比較安定了，接著師父才會用話頭，有時是在跑香，或是拜佛，用功用得很專注。諸位知道跑香與拜佛，如果工夫用得很好，動態中也可以達到統一境。假使突然間，師父丟進一個話頭說：「拜佛的是誰？」如果你當下拜佛拜得很專心，甚至進入到身心、內外統一的狀態，外面這樣的一個聲音突然進來，就很容易引發內在的疑情，讓你生起力量往內參；不過如果你當下的身心還不安定，這時一個話頭丟出來，你的心雖是觸到了，但力量不夠，仍無法深入進去，或僅是偶然飄過，提不起力量往內參。所以用話頭，不論前方便用的是打坐、呼吸，或是拜佛、跑香等方法，都要先將身心調和到比較統一的狀態，才允許提起話頭，因為這時你才有足夠的力量，否則身心不安定，丟出的話頭跟妄念攪在一起，這樣的心沒有提起話頭的力量。

以上是對話頭的運作方式與次第，做一概要的介紹。後來師父將話頭禪法建設得更加完備，使我們在初階段就能用「念話頭」的方法，把話頭用上。念話頭一如念佛、數呼吸，目的在於將身心調和至統一，念話頭則是讓心和話頭統一，此時所念的話頭，會成為內心最主流的一個作用，接著再把「念」話頭轉為「問」話頭，由「問」而生的力量，則一定是向內、朝著自己的內在而去。

從念話頭到問話頭

在天台智者大師所著的《六妙門》中，有提到「還觀」法門，即行者觀到了因緣生滅（所觀之境）為空，爾後再回過頭來看這個能觀之心，它何以能觀？是因為它有所觀的作用，故能觀。換句話說，這顆能觀之心，此時成了一個「所觀」的對象，在其內一定還有一個更深的能觀在觀它，而這更內裡的能觀到底是什麼呢？和我們用話頭的方法一樣，提起了疑問後，就朝著這個更內在的本來面目追索去了，這就是「還觀」法門。由此可見，智者大師的禪法，也有著和話頭相類似的一種運作，藉著修觀，觀到了能所皆空，但這依然是一個能觀的作用，而這個作用何以生起呢？於是再向內觀，故稱「還觀」；至於在禪宗裡，所謂的公案與話頭，用的也是這樣的方法。

至此，我們發現這樣的方法，可說是中國人的獨創，以及中國佛教的特色，因為在漢傳以外的系統中，是沒有這樣的禪法的，只有中國才有話頭這樣的方法運作。這是我們的獨特之處，也顯示了中國人在接受、吸收禪法的過程中，在整理、集大成的同時，我們也有新的開發。以默照禪法為例，雖然和傳統止觀的方法很相似，但默照則是將止觀的次第融會，所以六祖才提出了「定慧一體不二」，但其實在更早之前的三祖僧璨禪師，便已有這樣的觀念，他打破止觀的次第，提出「止觀一體」，爾後六祖與歷代祖師們便在這樣的基礎上，為中國禪法開展出更獨特、更豐富的面貌，所以禪宗的出現，不僅是將禪法化繁為簡，同時還開發出更好、更直接的，屬於中國本身的獨特法門。

對此有了了解後，我們再來用話頭的方法，就會知道自己需要具備哪些條件，目前的工夫處於一個怎樣的程度。假如現階段身心還不是很安定，沒有關係，還是可以直接用上話頭的方法，先念話頭。用方法的時候，一定要回到專注與覺照上，讓兩者慢慢凝聚，直至達到默照同時、身心統一後，我們再來提話頭、參話頭。所以，即便話頭做為一種頓悟法門，我們仍要按其運作次第，循序用功。至於用功的前方便，可以是直接念話頭，也可以數呼吸或念佛，這個練習的過程是為了讓身心達到一定程度的安定，之後若是對話頭方法有興趣，或本身就是經常會有內在疑情出現的人，就可以提一個話頭的句子，做為接下來用功的所緣境。

修習禪法是很需要自覺的一門工夫，首先要知道自己的程度，如果程度不夠，但對話頭有興趣，可以先提一個話頭來念，過程中必須完全投入到話頭方法的運作中，自最初階的次第，一步一步慢慢地用功。一定要清楚整套方法的完整性，順著次第修行，切不可想快快地跳過。諸位如果能在觀念上，對話頭法門有完整的認識，同時對方法的運用與技巧有興趣，把握好這兩個大原則，就可以順著話頭的次第用功，達到很好效果。

〈第五講〉

放鬆身心，只管打坐

我們已經將方法做了完整的介紹，內容包括：一、方法所依的原理及其建立的次第；二、應用上的原則與技巧，三、如何回到我們自身來用功。前兩點比較偏理，至於第三點則偏向具體的技巧。為了讓理論能夠呼應自身的條件，以獲得更好的應用，我們就要掌握各種具體的技巧，換言之，就是在用功時，要清楚知道如何把方法用上去。

方法要用得好，首先就要讓身體安定、放鬆。之所以要放鬆，是因為我們的日常慣性是不放鬆的。對很多人而言，放鬆是一個有些抽象的概念，因為長久以來累積的慣性，是一個和放鬆相對的、不放鬆的經驗，而這緣於我們在做很多事時，都是處在一種用力的狀態。比如諸位在此用方法，當中如果有人方法用得不得力，可能就會覺得需要用力才能把方法用好；還有打坐時，我們說身體要放鬆，但可能很多人會覺得自己必須用力，才能夠把身體坐好；說要挺腰，可是有的人腰一挺，就會覺得腰部是用力的，所以才一再提醒諸位，挺腰時，不是要用力把腰挺起來，而是以一種觀想的方式，感覺自己的身體，彷彿是有個人在我們上頭施力，把我們整個人提起來。

我們也可以用人體的骨骼標本來觀察，如果只是把標本放在地上，讓它保持坐的姿態，會發現整個骨骼的結構會自然往下，使得每個骨節擠在一起造成壓迫；如果把整個骨架吊起來，就會發現每個骨節都有足夠的空間，所以是放鬆的。把這個觀察延伸到我們自身，剛開始打坐時，由於我們平常的慣性，坐下時腰部都是彎曲的，覺得這樣坐著比較舒服，所以有些同學打坐時一挺腰就不能放鬆，反而要彎著腰才能放鬆，但從骨架坐姿的變化就能發現，如果彎著腰坐，就是把整個上半身的重量，都壓到腰椎上，這樣如何放鬆呢？

身體要放鬆不用力

提醒一些同學打坐要把注意力放在臀部與蒲團的交接處，於是他們就把整個臀部都壓在蒲團上，認為這樣坐才夠穩。這樣有比較穩嗎？不見得，但一定會比較重。與重相對的輕，是指當我們不用力時，身心的覺受感覺就是輕鬆、輕安。

雖然常常提醒諸位要放鬆，但觀察我們的日常生活，其實心的慣性還是用力、不放鬆的。只要我們的心有了相對的對象，它就是緊繃的，如何放鬆呢？不要理它、放下它，只要沒有對立，就能放鬆。所謂的對立，一種是追逐，喜歡的、想要的我們就追逐；另一種是對抗，不喜歡、不想要的便與之對抗。其實不只日常生活有此慣性，在用方法時亦然，不喜歡的妄念，就與它對抗，想把它趕走；生起了喜歡的念頭，就跟著它轉，這兩者都會造成我們的用力、不放鬆。

另外，在姿勢方面，打坐時要坐直、坐正，可是在慣性上，我們都習慣彎著身體，即使這樣的姿勢，是把整個上半身的重量都壓在腰、背上，會造成這兩處肌肉的壓力與緊繃，不過因為被壓久了，漸漸地身體也習慣了，甚至還覺得這樣很舒服、很放鬆，現在要改變這個慣性，就要把身體直挺起來，雖然可能覺得腰、背反而是有些用力的。會有這種感覺，是因為直挺的坐姿和我們平時習慣的姿勢不同，所以需要經歷一個調整的過程，例如透過觀想的方式，或是深呼吸，藉著吸氣順勢把身體提起來，身體提起來了，全身的骨節就會保持在它應處的位置，肌肉則因放鬆而自然往下，這時就會覺得整個背部肌肉都鬆開了。

不過，初打坐的人，在體驗到上述的放鬆之前，可能先體驗到的是用力與痠痛的覺受。因為長久的慣性，與坐直挺的經驗相悖，所以會覺得似乎還是彎著身體比較放鬆，但如果能堅持直挺地坐，慢慢地會感覺身體不那麼用力，甚至痠痛的覺受也消失了，能體驗挺直中的放鬆了。

持續打坐一段時間後，會漸漸習慣打坐中的各種覺受；然而，即使是老參，都可能在放腿的瞬間，感受到一陣強烈的痲痺，或是在長時間的打坐後，感到痠痛的覺受，不過擁有比較豐富打坐經驗的人就知道，即便是出現了上述這些覺受，人依然是放鬆的，因為各種覺受的產生與變化，反應的都是整個身體由緊到鬆的過程。打坐中，肌肉、筋骨等部位都要經過調整，而在調整的當下，各種觸覺就會自然顯現。

綜上所述，調整身體時，一定要盡可能保持坐正的姿勢。有些人怎麼坐都坐不正，這可能是由於先天或後天的原因，導致骨骼架構的移位，即使是有這種狀況的人，打坐時，還是要盡可能把身體坐直。同時也藉此提醒諸位，平時就要把身體的骨架維持好，如此一來，全身的筋骨與肌肉就會自然放鬆，不需要用力。簡言之，只要把姿勢坐正，身體就能放鬆，這說來很簡單，但由於長期彎著身體的慣性已經養成，要把它調整回來，就勢必要經過調整的過程，在此過程中，如果覺得身體是用力的，或出現痠、痛、麻、癢等不舒服的覺受，沒有關係，這是調整中的自然反應，只要持續把身體坐好，調正姿勢，慢慢地會發現，打坐不再費力，取而代之是一種放鬆的覺受。

以七支坐法調身

很多人從沒體驗過放鬆的感覺，身體從來沒輕鬆過，自然也不會知道放鬆身體的方法與其運作，而我們現在有一個具體的方法，就是課程中各位所練習的「七支坐法」：一、結跏趺坐；二、挺腰含胸；三、雙肩平垂；四、手結定印；五、下巴內收；六、眼瞼下垂；七、舌抵上顎，再加上面帶笑容，把這幾個步驟做好，身體就能慢慢地放鬆。過程中，不論出現什麼覺受，例如不舒服或用力的感覺等，都不要理它，也無須對抗它，只要持續地擺正身體，保持身心的放鬆即可。

按上述步驟練習七支坐法，可能在過程中還不是很清楚要如何放鬆，但其實只要保持好姿勢，就是在幫助我們放鬆。臉部要怎麼放鬆呢？微笑時就放鬆了。微笑是把臉部肌肉往上提，要注意是往上提，不是往後拉，把肌肉輕輕地提起，臉就放鬆了。不懂的人，可以每天對鏡子笑一下，特別是早晨起床第一次照鏡子時，這時不要拿你最難看的、疲憊的臉，或是一副睡不飽、眼皮子半開半闔的臉照鏡子，如果看見鏡子中這樣的自己，恐怕只會把臉拉得更長，讓一整天的心情都不好。可以先洗把臉再照鏡子，如果見到的是一張神清氣爽、很美的臉，看著看著就不禁微笑起來。這就是我們的本來面目。所以每天早上要練習看鏡中微笑的自己，這樣就會懂得如何放鬆。接著，練習身體的放鬆。日常的行住坐臥，站立也好、走路也好，記得上半身一定要挺腰含胸；坐的部分，就是把打坐時調正姿勢的步驟和方法，應用到日常生活；至於臥的部分，就比較難控制了，因為睡眠時是處於昏昧的狀態，雖然我們知道要右側臥，也就是吉祥臥，可當真的睡著了，什麼臥姿都跑掉了。雖然如此，但只要我們睡覺時，人是放鬆的，就一定會睡得很好，睡不好一定是不放鬆造成的，另一個睡不好的原因，則是我們打坐出靜時的按摩沒有做好，沒有把停留在身上的氣散開，造成身體的堵塞，這樣也會睡不好。

以上是從具體的姿勢解釋何謂放鬆，因為放鬆是一個有點抽象的概念，如果用具體的姿勢來解釋，諸位就比較容易明白，也更能夠落實。學習方法的過程中，即使尚未感受到它實際的功能，但知道它能幫助我們放鬆身體，所以如果打坐時什麼工夫都用不上去，可以一直保持這個姿勢就好，慢慢地就會感到身體比較能放鬆，同時因身體上不舒服的覺受而造成的困擾也會減少，如此一來，心也比較容易放鬆。人常常是在身體不舒服時，心便產生對抗，有的人痛到咬牙切齒，然後就一直埋怨自己為什麼以前沒練好身體，或是埋怨別人一直干擾他，害他無法用功，這些念頭都是在和身體的疼痛對抗。雖然心理上有這麼多負面的念頭，可是有的人還會忍痛繼續坐著，痛到不行了還是忍，只是這個忍不是真正的忍，而是強硬的對抗。身體明明很痛，還要告訴自己：「不痛！」這只是強壓住疼痛，而不是忍。忍是什麼意思？接受。真正的忍是「安忍」，這才是接受的真義。誠如聖嚴師父所說的「面對它」、「接受它」，只要接受身體的痛以及各種不舒服的覺受是事實，人就不會產生對抗，一旦沒有了對抗，人就放鬆了。

放鬆是調身心最基本工夫

放鬆是調身、調心最基本的工夫。只要把身體放鬆，把心放鬆，很自然地呼吸，這樣就是在用方法。當什麼方法都用不上時，就保持這樣的狀態，如果過程中還能保持一念的清明，其實就是在用「只管打坐」的方法了。雖然剛開始用方法，可能還會有很多的妄念，但方法持續地用下去，慢慢地就能真正做到只管打坐，到那時便是真正的默照同時、身心統一了。所謂的只管打坐，就是打坐時沒有其他的妄念，很清楚地知道自己在打坐。同理，拜佛、經行也都只管當下在做什麼，至於打坐是誰？打坐就打坐，哪管是誰！既然都說只管打坐了，哪還有個誰在那裡，整個因緣就是打坐而已。如果能做到這個程度，就能照見本來面目了。雖然現階段我們尚無法做到這般地深徹，但至少只管打坐，也就是坐在那裡放鬆，並且很清楚知道自己正在打坐，這點是做得到的。如果發現自己各個部位的覺受，有的地方不太舒服，不過你並沒有停留在上面，而能平衡、平等地觀它，那就表示你很清楚哪裡舒服、哪裡比較痛，但你沒有分別它們，故在此平等的狀態下，你的心就不會一下子跳到這，一下子又跑到那，這就是平衡，也就是默的工夫，亦可稱之為「不動」，能做到這樣，其實工夫就算是用得很好了。

所以，只要很具體把握住一個姿勢，就可以用功，因為當中已包含默照、放鬆等等的工夫，換句話說，只管把姿勢調好的「只管打坐」，可說是所有工夫中最基礎的部分，不過在用這個方法時，可能會發現，心很不容易安定下來，因為身體有諸如腿痛等各種不舒服的覺受，心很容易與之對抗，而被妄念帶著走，這時就要放鬆我們的心，不要讓心跟其所緣的對象，也就是心所覺察到的妄念、感知到的不舒服等的觸覺產生對立，如此才能把心收回來。心要不和這些所緣對立，就要放下、不理它們，但要怎麼做到呢？這就需要方法了。把心放在一個具體的所緣境上，當心專注地放在那裡時，就不會與妄念等煩惱對抗，因為你已經放下它們，而專注在所緣的境上了。專注就是安定，也就是默，此刻的心已沒有動搖，而在專注的同時，還能知道自己的心正在用方法，對各種覺受都了了分明，並且在知道的同時不和這些覺受產生對立，這就是照。所以默照是同時運作的。

至於所緣的境，最好能具體一些，而以身根為所緣的方法，主要是以呼吸做為所緣境，因為當人完全靜下來時，呼吸仍會為身體帶來微微的觸覺。另外，身體也可做為整體覺照的對象，但它的問題是一來範圍太廣，再者身體不舒服的觸覺，很容易就把我們的心拉走。還有其他的方法，例如用眼根、耳根為所緣境，這些在傳統禪法裡，以及我們現在教學的方法運作上都有提及。比如以眼根專注觀某個相，觀相時，妄念以及身體不舒服的觸覺，我們都不與之對抗，而是把注意力集中在所觀的對象上。所以剛開始用這個方法，即能收到轉移注意力的對治作用，讓我們不要一直和那些妄念、不舒服的覺受對立、對抗，因用力地抓住它們而導致自己不放鬆，所以透過轉移注意力，以觀相放下那些負面的覺受，就能讓身心放鬆。傳統禪法有所謂的「遍處觀」，即觀地、水、火、風、青、黃、赤、白、空、識周遍一切處，唯此法現已鮮少運作。

另外一觀，觀聲音，也就是聽聲音。此法對於心理上有問題的人，頗收對治之效，因為這些人有很多妄念，繼而出現幻聽，他們會去追逐這些聲音，所以觀聲音能幫助他們先轉移注意力，例如很悅耳的音樂上，過程中讓他們不斷聽著好聽的音樂，而把他們對抗的心轉移過來。此法在運作時，需要一個外境，比如說要到河邊或山林裡聽大自然的聲音，否則就得備妥音響設備，或是自備隨身聽了，總之必得有一外在的聲音，所以在運作上較有負擔，而身根的觸覺就很直接了，把身體坐正、靜止，完全放鬆，此時若能覺照全身，就以覺照全身的方法來運作，不過要做到這點不太容易，一者是因為覺照的面太廣，二者是如果無法覺照整體，很難保持專注，若有哪個觸覺特別強，或某個部位特別不舒服，就會分心。此外，完全靜止的身體，其實並不容易觸覺到任何一個部位，雖然《小止觀》中有所謂的「繫緣止」，也就是把心放在身體中央的某個部位，可是身體中央的部位有好幾處，而這些部位的觸覺其實都不明顯，所以為了要有所觸覺，人可能會不自覺地用力，結果又不放鬆了。

呼吸是最好的所緣境

相較之下，最容易覺察的所緣境，就屬呼吸了。因為當身體完全靜下來後，唯有呼吸仍在動，會產生微微的觸覺，所以我們就把注意力放到呼吸上。最糟的狀況是，不知道呼吸在哪裡，因為身體靜不下來，所以呼吸做為微細的動態，就不容易覺察了。在這種情況下，呼吸一方面很粗，再者心都被身體其他的觸覺給帶走，這時要坐下來觀呼吸，會發現怎麼到處找呼吸都找不到呢？問題是呼吸並非外在的東西，它是隨身體自然的運作而來，所以要覺察到呼吸，首先身體一定要靜下來放鬆，這時便會發現，呼吸自然就在那兒了。如果能提起更敏銳的覺照，也可能覺察到胸前的動態，因為當身體完全放鬆下來，只有這個部位有起伏；不過這個部位範圍較廣，所以我們還是把注意力放在鼻息進出處，因為它的範圍較為集中，且觸覺較明顯，可感受到氣的流動，所以這個方法的所緣境更具體，讓我們能把心收在此處。

儘管這個方法所緣的對象是最具體的，但仍會發現，我們的注意力，還是一下子在呼吸上，一下子又被妄念帶走了，一旦被妄念帶走，人就會用力、不放鬆。換言之，當注意力不在呼吸上，此時若是腿痛，這痛的觸覺就很容易把心帶走，心會和疼痛對立、對抗，導致身心的不放鬆；要放鬆，就要放下與痛的對立，這時心就要有所依，方法就是把注意力轉回到呼吸上。

用方法，就是在心跑掉了再拉回來的過程，反覆不斷地練習。練習到能夠很專注地在呼吸上，而非斷斷續續的，這時就可以在呼吸上加上數目字。能做到專注呼吸，並不表示身體是完全不痛的，不舒服的觸覺還是有，這是因為身體尚未達到完全放鬆，或是身體過往遺留的問題，導致某個部位無法疏通，這個部位就會痛，不過只要方法用得很好，便會發現自己和這些不舒服的觸覺，並沒有對立與對抗，也不覺得它讓我們很難過，而想要把它壓下來，如此就能保持放鬆地繼續用方法。當方法用得更得力，此時不只能覺察到呼吸，整個身體也會感到輕安。再繼續坐下去，慢慢地會發現，呼吸的動也可以放下了，因為這時的心已完全放鬆，你的心只想著要凝聚專注與覺照的作用，直至兩個作用統一，在這個狀態裡，你已覺察不到這些妄念、雜念，或是覺得它們變得很少，甚至連你故意拉出一個妄念來，它也很快消失，因為此際的心是很細的，且和這些妄念都沒有對立、對抗，所以也不會追逐它們，如此一來，這些妄念便留不住，一定會沉下去。身體不舒服的觸覺亦然，你發現不受它們的干擾，是因為整個身體的感覺是輕安的；甚或有時痛的感覺仍在，但因你這支香坐得非常好，身心的覺受也會是輕安的，直到引磬一敲，準備出靜，這時才知道自己的腿真痛！打坐中腿會痛嗎？還是會，但沒有感覺，可是這不是真正的沒有感覺，而是因為心不與之對抗，是放鬆的，所以痛的覺受就不會對其造成干擾，而是要等到出靜，身體又回到比較粗的狀態，才會感到腿的疼痛。

由此可知，用的方法要具體，才能讓我們的心好好地凝聚在一個所緣境上。在用方法的最初階段，心在凝聚時，會先避開妄念、不舒服的覺受等對立的對象，也就是先將注意力轉移，不過此時的注意力還是很容易被拉走，或是分散，在斷斷續續的專注裡，切斷的時間長，而延續的時間短，工夫用得不太得力，想靜也靜不下來，沒有關係，只要繼續用功下去，或是用數目字的方法，幫助我們很快地知道專注力中斷了，需要趕快接續回來，漸漸地接續的時間會愈來愈長，專注力便能一直放在方法上，如此一來，外在以及各種對立的煩惱，就不會干擾我們用功，方法也會愈用愈好。

心凝聚在專注與覺照

當心慢慢凝聚於專注與覺照這兩個本具的作用後，我們會發現，有一個作用也漸漸地顯發了，那就是安定、清明的作用。這也是心本然性的作用。當此作用發揮時，你即使知道自己腿痛，心也不會被它帶走，或是覺察到更深層的妄念。我們知道妄念有很多層，當表層較粗的妄念沉落後，更深層的妄念可能會隨著工夫的得力而浮現，所以用功用得很好的人，會發現好一段時間都沒有妄念，但持續用功後，反倒又有很多妄念生起。心依然不會被妄念拉走的原因，是因為心凝聚的本然性功能已發揮得愈來愈好。在此狀態下，原本那些外在的、從日常生活中加上去的種種雜染，我們便不再與之對立、對抗，因為知道這些並非心本有的東西，便能很容易地放下。人之所以會和雜染對抗，是因為和它採取對立的態度，把它當作一回事，處理上不是追逐就是對抗，這樣就麻煩了；反之，你不當它一回事，因為你知道它是因緣生、因緣滅，是外加上去的，然後持續以凝聚的心來用功，如此，即使雜染還在，你也覺察到了，但已不會受其干擾，再繼續地用方法，方法就會愈用愈安定。所以實際上，你是借用這個方法，讓內在本然性的功能獲得更好、更完整的發揮，這就是默／照、定／慧的功能。

剛開始用方法，我們要很清楚知道自己正在用方法；方法要具體，同時要對方法有很好的掌握。方法的作用，一開始可用以避開各種與我們對立的妄念、不舒服的觸覺，以及種種干擾用功的負面狀態，一旦心的功能獲得更好的發揮，逐漸地凝聚、統一，這種對抗就不存在了。當方法愈用愈好，內在的作用益加顯發，方法會變得愈來愈簡單，簡單到了定慧一體、默照同時的狀態，這時還有方法嗎？沒有了。因為只要有用方法，就一定是外在的，用到了沒有方法，就是心本然性功能完全發揮之時。

話雖如此，但在我們尚未達到定慧一體運作的階段，方法還是很重要的，否則用功時，心一直被妄念拉走，或是一直在和妄念對抗，這都是在增加心的負擔，讓它無法放鬆、放下。至於達到了默照同時、定慧一體運作的時候，那就是沒有方法，即所謂「無法之法」的境界了。

以上就是方法運作的整個過程。現在諸位知道，方法為什麼要很具體，也知道如何讓它發揮作用，還知道方法運作的過程中，什麼時候該用方法，什麼時候該把它自然地放下。在用方法的階段，我們會在方法上加數目字，以凝聚我們的心。凝聚的過程中，最初階段的方法是為了讓我們避開對一切雜染的對立與對抗，不理會這些，凝聚的作用才能發揮，直到我們的心本然性的凝聚作用逐漸顯發，而能夠持續不斷地用功，這時我們所緣的境、所依的方法，例如呼吸或是數數目字，就可以放下了。

不貪著於定

由此可見，方法運作的每一個部分，每一個階段，都是很具體的。當你持續地用方法，用到心有了某種程度的凝聚，產生了一些境界，這時要知道，一旦覺得這個境好輕安、好舒服，心生起一個貪念，你的心就和這個境對立了。在這個對立裡，你想要得到它、保持它，不想讓它消失，這時就要提醒自己：我的方法還在不在？如果方法不在了，就表示你的心已被境界帶走，人就不放鬆了；反之，如果方法還在，那表示不管你打坐時有多舒服，你都能不受影響，只管回到方法來。到了這個程度，還需要方法嗎？需要。因為此時的心，仍有可能和外境，以及自己本身生理、心理方面的覺受對立，或許是在坐得不錯時，生起了一個不想出靜的念頭，認為出靜是對用功的干擾，那就有問題了。這表示你貪戀這個境，心一貪戀，方法就不見了，因為你的心已不在方法上，而在這個貪戀的境上了；反之，只要方法還在，心就不會住在境上，而是住在方法上。此時不管有再好的境出現，例如從初禪到四禪，甚至到四空定，入了這麼深的定，只要方法仍在，就會知道時候到了，終究是要出來的。

佛陀禪坐可以從未到地定到初禪至四空定，而多數時間是安住在四禪；同時佛陀的定還能跳來跳去，可以跳到非想非非想定，又跳回初禪，然後又到三禪。佛陀能夠如此，是因為他對定太熟悉了，但即使如此，晨起打坐的佛陀，到了托缽時間，他還是會出靜，回到現實生活，拿起缽托缽去，他不會一直住在定裡，貪戀舒服的覺受。我們知道三禪是所有禪境裡最樂的，入此禪時，身心俱樂，所以又稱為「離喜妙樂地」，但也容易讓人樂到不想出來，也因此三禪常有無想定在其中；此外，入四空定時，定的力量最強，慧觀的作用則顯弱，也很容易掉入無想定；至於四禪則是最平衡、均等的定，故又稱為「捨念清淨地」，佛陀成道時，就是在四禪中。但不論佛陀是在哪一禪境中入定，或是入了《禪波羅蜜》中所述的「獅子奮迅三昧」，能在各種定中跳來跳去，上上下下出入隨喜，他都沒有住在定裡，而能夠隨時出定。雖然佛陀能在各種定中進進出出，但他的定是默照的，五根仍能對外，這表示他是處於內外統一的統一境中，所以外面發生什麼事，他都清清楚楚。至於一般人修定，只要一入定，五根就與外境隔絕，打雷都聽不到，而佛陀是能聽到打雷聲，但他的心不動，不像一般人聽到打雷聲，會受到驚嚇。諸佛菩薩以及中國禪宗的祖師們都能入這樣的定；不過他們即使入深定，只要是到了該做事的時候都能隨時出定，而不像我們有時稍微坐得好一點就不想出靜，一到了要吃飯、要做事的時候就很難過，那就是住在定中染著了。

定的舒服感會令人起貪，而容易掉入無記。這就是為何中國禪宗的大禪師們，雖然有能力入深定，但都不太談它。此外，凡入初禪以上的定，都是在打坐中入定，所以佛陀經常現打坐相，因為他隨時都能入深定，但也能隨時出定；有的人則是入了定後不肯出來，還有的是不知道怎麼出來。可能諸位之中，就有人只要坐得稍微好些，引磬一響：「哇，出不去了！」這就是平時出靜的程序沒有調好；調得好的話，對出靜的程序很熟悉，就知道要先放下方法，然後做深呼吸、按摩，這樣很容易就出來了。還有的人老是不按照入定程序，結果一個不小心，進到比較深的定後，就出不來了。入定好比走進一座森林，如果每回的進出，都按照沿途的路標而行，這樣走得再深也不怕，你隨時都可以走出來，因為一路上的路標都很清楚，而且你對森林也有充分了解，否則的話，總是不按指示而行，就很容易迷了路。

中國禪宗不強調深定

如果打坐時可以很放鬆，沒有一個對立的、很舒服的境，如此，當在應該出靜的時候，就不會因為貪戀這個境、想住在這個境，而捨不得出來。因為完全沒有不捨的念頭，所以你可以很自然地放下。每一支香，或者偶爾多坐個一、兩支香，但只要引磬一響，該出靜了，你就能很自然、很輕鬆地放下。

如何能做到這個程度呢？那就要對各種定境非常熟悉。例如佛陀之所以能從一個定跳到另一個定，是因為他對這些境界都很熟悉，所以只要我們也能熟悉這些定境，同樣能做到如佛陀般出入自如。中國禪宗並不強調入深定，不過，觀察中國禪師在開悟了之後，其實大多還會繼續修深定，但因為他們有了開悟的智慧，慧能讓他所入的定，成為沒有染著的定。所以禪師們入深定，好比片刻的休息，可藉此凝聚自己的力量，而到了該出靜的時候，他們照常出靜，沒有絲毫地染著，對於這點我們要有所了解。

用方法時，方法是很具體的，用到能夠將方法放下，此時的心便是凝聚的。這就是一種定，亦即達到身心內外統一的統一境。統一境所達到的止，可以很深，深到與外緣完全隔絕；也可以很廣，廣到能夠放任六根對六塵，與外境完全統一。前者較偏向個人的出世間禪，對於偏重個人修行求解脫者，他們的修行就會採取這種方式；而後者則屬於大乘佛法所修的三昧，諸佛菩薩修的定境，都偏向這類。中國禪宗亦屬大乘佛法，所以禪宗修定，不往深裡去，而是修廣；雖然有些禪師也能入深，就像佛陀一樣，但他們所入的深裡亦有廣，深、廣兩邊是互通的。

我們現在當然還無法達到那樣的程度，還是要先從了解方法的運作與功能，然後從具體的方法落實起。首先，用方法調整姿勢，放鬆身體。如果是以呼吸為方法，呼吸是利用身根的觸覺，亦即在身體靜下來時，呼吸所產生的微微動態，做為所緣境，要把心放在這上面。用方法之初，為了讓心不要和外境、妄念，或是和身根不舒服的覺受對抗，我們先把注意力轉回到呼吸上，讓心慢慢地凝聚，直至讓各種心本具的功能，有了更好的發輝，這時就能一層一層地把方法放下。當身心處在粗的狀態，用的方法也要相應地粗些，藉此避開導致專注力中斷的外緣，同時為了讓心更專注在呼吸上，可以在呼吸上加數目字。當數息中斷的狀況逐漸減少，延續的時間愈來愈長，慢慢地，不但數目字可以放下了，連呼吸也可以放下了，這便是心本然性的凝聚功能完全發揮之時，至此，心就安住了。不過這個階段的工夫，是默照同時，所以較為偏止（默），照的功能則不夠深徹，為加強照的工夫，可以再加上話頭、觀想，或是默照開悟的方法。

綜觀上述，可知用方法就是一層一層、不斷放鬆的過程。放鬆是沒有對立，沒有用力，身根的觸覺如此，心裡的妄念亦然。要做到身心的放鬆，方法很重要，身體姿勢的調正也很重要。假如各位現在能做到只管打坐，那就好好地運作這個方法，用到了一定程度的工夫，心就能達到統一，爾後再把心安在一個所緣境上，例如依身根為所緣，繼續用方法，就能達到身心統一；若方法是將五根放出去，則能達到內外統一；至於用呼吸的方法，亦能達到上述的統一境。

憶念的觀法

先前介紹的方法，大多是依一個具體的、偏向外在的所緣，接下來介紹的方法，則是偏向內在的作用，也就是「念」方法。念，可以隨身帶著、隨時提起，在用方法的同時，就放下了呼吸、身根的觸覺等各種外緣。當然身根的觸覺仍有，也能察覺到呼吸，但此時已不用這些方法，因為心是依於更內在的念（想）的作用，也可稱為「憶念」。

所謂「憶念」，在傳統禪法中，有各種相應的「觀」法，也就是各種「想」的方法。例如：一、慈悲觀，是一種假想；二、不淨觀，包括假想與實觀。實觀是用眼根觀不淨相，假想則是「九想觀」，即觀色身不淨的九個次第；三、因緣觀，也屬於假想，方法是思惟法義，也可背誦經典。心如果容易掉入昏昧，為了將之提起、活躍，即可採思惟的方式，思惟所閱讀的經論與其中的義理，所以「因緣觀」即是思惟因緣生滅的義理，藉以活躍我們的意識，把往下沉的心提起來。四、界分別觀，屬「五停心觀」之一，此觀又比因緣觀更具體，例如觀十八界或是觀六界，方法是以「界」做為禪修所緣，思惟構成我們身心內外種種「界」的結構，其作用可以對治我執、我慢心。以上的四種觀法，都會用到意識的功能，心會變得活躍，也因而比較偏慧；五、數息觀，則是用觸覺，對治散亂、過於活躍的心，也因而較為偏止。

當心處在粗散的狀態下，不論是做上述哪一種觀想，都只會停留在粗散的狀態，不容易深細，所以最好是把心調到很安定的狀態後，再來做觀想，工夫才會得力。當然觀想亦有其方便和技巧，讓修行者能夠更好地用方法，但總地來說，目前我們已經很少使用思惟的方法，甚至早在五停心觀傳入中國時，其中的界分別觀即已不為中土所使用，而是改採念佛觀。

念佛觀是大乘佛教的修行者，有的人因為業障比較重，惡業容易現前，他們便以念佛的方法來對治。《六妙門》提到，如果打坐中有很多黑暗的狀態生起，此即惡業現前，可以念三聲佛來對治它。念佛後來在中國十分普及，幾乎到了人人都念佛的程度，然而論及真正的念佛觀，則可分為如下幾種觀法：一、觀像，即用眼根；二、觀想，即假想；三、觀實相，即觀因緣、觀空性，此觀法屬思惟；四、持名念佛，此法最為普遍，出自淨土經典《阿彌陀經》，經云：「若有善男子、善女人，聞說阿彌陀佛，執持名號，若一日、若二日、若三日、若四日、若五日、若六日、若七日，一心不亂，其人臨命終時，阿彌陀佛與諸聖眾，現在其前。」

其實在早期佛教，便已有念佛觀這個法門了，不過早期的念佛觀只有前三種方法，至於持名念佛，在印度傳統佛教中並未聽聞念佛號的方法，而是在佛教傳入中國後，才在中國成為一個相當普及的法門。我們現在所說的「念佛」，指的就是持名念佛的方法。

至於觀佛像，在敦煌石窟中有些佛像雕刻，當時便是供作觀像之用，但此法現已式微；另外，觀實相，此法見諸於《十六觀經》（即《佛說觀無量壽佛經》），也就是實相念佛，觀的是佛無相，因為佛是空的，既然佛空，此法便是觀空性的一種法門，而以佛做為所觀的對象，觀佛的空與佛的無相。不論是前者的實觀，或後者的假想，都要進入心內在的層次，持名念佛法門亦然。

持名念佛，是用「念」的方法，它沒有思惟，也沒有觀想的作用，因為「念」就是當下的心，如果當下的心在念佛上，「佛號」便是當下的所緣，我們就提起佛號，直接用佛號。持名念佛亦屬內在的方法，雖然用方法時，偶爾會借用到耳根，例如打佛七時大眾一起稱念佛號，但在靜下來的時候，內在的佛號仍能不斷持念著。至於我們現在在這裡打坐，以持名念佛為方法的同學，你們就是把佛號提起來，除佛號外，提起其他諸佛菩薩的名號亦可。重點是提起後，便要專注在這個名號上，一心稱念。

持名念佛方法不但具體，並且相當直接、簡單。其實，先前我們介紹的每一種方法，也都有其具體的用功次第與程序，所以諸位在用方法時，一定要清楚自己所依的是哪一根，所緣的是哪一個境，如此方法才不會混亂。假如用的是呼吸的方法，便是依身根緣觸覺；用的若是念佛的方法，則是依意根（意識）的作用，把佛號提起來，所以佛菩薩名號，便是我們所緣的境。當名號提起後，心就安住在名號上，開始放鬆。過程中，佛號若是時斷時續，可以加上數字，增強專注力。當斷續的現象改善，念到只剩下佛號，再繼續地念下去，念到心與佛號統一，便是達到了統一境。

基本上，所有方法都是依這樣的次第進行，清楚自己所用的技巧，以及所依的根與所緣的境。當方法開始運作時，同樣地都要先避開對立，然後讓內在本然性的功能慢慢地凝聚、發揮，到了可以放下方法，便是心的本具功能徹底發揮、達致內外統一境之時。了解這個次第後，我們就能更好、更具體地應用方法了。

〈第六講〉

話頭方法的運作次第

昨天和各位談到把握、應用方法的技巧，用方法時，首先要清楚自己是依哪一根在運作，所緣的境為何，如此心才能完全收攝、安放在方法上。簡言之，用方法就是借用某一根來凝聚我們的心，當借用某一根來凝聚心時，其他根的作用還是有的，但我們要先放下它，或是不注意它，不攀那方面的外緣，如此才能達到心的集中、凝聚。這就是運用方法的主要技巧。

舉例來說，不論是觀呼吸或是觀全身，這兩者都是用身根的觸覺，將心凝聚在觸覺的所緣境上；若是用念的方法，則是運用心更為內在且核心的部分，也就是意根的作用。運作時，其實就是在眾多的妄念中，將正念提起。因為妄念是用功時最難守住的部分，心很容易跟著妄念走，所以念的方法，就是把心安放在所「念」的這一念上。

如此看來，念的方法似乎頗容易運作的，但要用得好，也是需要用心。因為提起正念的同時，若無專注和覺照的作用，就很容易與妄念混在一起。因此，要特別注意念佛時，提起的這一念是正念還是妄念，若是正念，必然含有專注與覺照的作用，若是妄念，它就變成了一種慣性。

明辨妄念和用方法

我們常常把方法用成了一種慣性。念佛念了一段時間後，便漸漸地失去了覺照，即使沒有刻意地念，或是念的當下並沒有提起正念，佛號還是會跑出來。散心念佛、妄心念佛，就是這種情形。在意識中，感覺自己好像在念佛，但其實所念的佛號只是一種慣性。這樣的念，到底有沒有在念呢？說有，卻沒有用心、沒有覺照；說沒有，佛號又在意識裡不時出現。所以有的人會誤以為自己用功用得很好，好到即使沒在念，佛號還是會自動跑出來。這就好比我們常常重複做一件事，做慣了之後，我們即使沒在做，但做那件事的念頭，還是會自動浮現。

諸位打坐時，應該都有這樣的體驗，在意識裡，偶爾也會跑出一些出家前常聽的音樂，平常沒想到，一打坐，你都沒念它，它就自己來了。這就是慣性。因為你長期重複，重複久了，就以為生起的佛號是你在念佛，但究其實，它們多數時候是干擾，就像你們經常唱梵唄，偶爾打坐時，梵唄就會自動生起，你們覺得這是在用功，還是妄念呢？所以諸位一定要清楚地辨明，當你正在用方法的時候，如果有一個念頭，它不屬於你所用的方法，那麼它一定是妄念。

打坐時，我們常常想東想西、分別這分別那，其實這些都是妄念。打坐時，我們不要有這些妄念，不要去分別，也不要把平常聽到的一些句子、法義等，讓它們在意識、在心裡轉來轉去，或是去思考、分別它們，甚至因此起了疑問，產生困惑，又不知該如何處理。要知道，用功打坐時，這一切都應視為妄念，平時我們可以思惟法義，但打坐的時候，只有方法。

打坐是在調練我們的身心，而不是在做思惟。雖然有些觀想的方法，例如假想觀以及理觀，會動用到意識面的思惟，以及想的作用，所以如果用的是這兩個方法，這時的思惟法義與假想都是在用功，但如果用的是觀呼吸，或是觀佛號的方法，跑出來的各種法義與想法，就通通不要理它，它們是由於我們長期在做這一類的思考，以致於在打坐時浮現，是很正常的現象。

人的妄念很複雜，而且有很多層次，有些比較粗，有些比較細，有些比較外在，有些比較內在。比較偏向內在層面的，一般都屬較堅固的慣性，當我們在用功時，這一層一層的妄念，都會浮現出來。一些長期用功的老參，尤其是以話頭為方法者，假如有一些答案跑出來了，一定要知道，這些答案都不是真正的答案。像這類喜歡參禪的人，大多讀過許多公案，對祖師的語錄也特別感興趣，同時還讀過、背誦了不少禪詩，不斷熏習的結果，自然會在心裡留下痕跡；甚至有些比較聰慧的人，不僅是背誦，他還能夠在熏習的過程中，自然而然吟哦出一些很不錯的句子，就像從前我們讀《唐詩三百首》，讀多、讀久了，這首拿一句，那首拿兩句，再從另一首借幾個字用用，東湊西湊，就成了我們自己的詩。同理，平時公案、語錄、禪詩讀多了，在用功的過程中，好像答案就會自己跑出來，甚至還能寫下幾首很不錯的詩，但這都不是你的答案，若把這當作答案，表示你落在了文字相裡。

用功是一個漸趨於直觀的過程，不過在剛開始時，還是會用到思惟的作用，其所依的理，即是學習佛法時所聽聞的無常、無我等正知見。雖然我們都知道這些字眼，卻尚未深明其義，不過因為念久了，所以它們還是會常常在我們用功時跑出來，然而若深明無常、無我的道理，乃至於有了直覺的體會，這時文字上的無常、無我就不存在了。這好比在開悟的當下，你不會想到：「我知道這個是無我！」如果當下還知道這是無我，這個無我便還是落入了文字相。體會無我的當下，它是沒有文字相的，因為那是你直覺地知道這是怎麼一回事。

同理，參話頭時，我們說「本來面目」，意思是你現在見到的，就是你的本性。用「本性」、「本來面目」，或者「無常」、「無我」這些字眼，都是表述境界的文字，然而當你真正見到的時候，這些文字相應該都是不存在的，因為那是你很直覺地知道就是這麼一回事；如果當下還有許多文字存在，那麼它們都還是外在的，也就是說，它們是你從經典、祖師的文字中得知，如果尚處在這個階段，表示它們還不是出於你的直覺。日常生活中，當我們經歷了一件事，或是看到一個物品，感到很歡喜，那種歡喜的心，已無法用文學中那些優美的句子，乃至於任何文字表達，因為那是你親身的體驗，唯有你知道是怎麼一回事。這是身心在一般狀態下的深刻體驗，如此都已無法用文字表達，遑論是見到本性了。

方法愈用愈簡單

我們現階段用功，還有文字相，也還有方法，其作用是幫助我們逐漸減少、減輕對文字的執著，與在學習過程中所有用文字分別的意境，如此，我們便能逐漸體會到文字實際上所要傳達的訊息。這個訊息不是文字本身，而是藉著文字的功能，把訊息傳達出來。當我們得到訊息，會知道它是透過文字傳達，但其本身不是用文字就能說明的。所以用方法時，尤其是話頭，並不是在找答案，而是通過話頭的方法、通過藉著文字相傳達訊息的過程，幫助我們見到本性（本來面目／空性）。方法開始時所依的緣與境，是有相的，其目的是幫助我們調和、放鬆身心，達到統一的狀態。我們所用的呼吸、念佛等方法，也都是為了達到較好的調和身心的效果，屬於比較傳統的方式。

如先前所言，傳統方法的次第是修止而後修觀，先把止的工夫練好，方能再做進一步的觀想。換句話說，身心安定了，智慧的作用便能自然發揮，如此就能更深層的「見到」，而在此之前，則需要適當地調方法，這時就會運用到思惟，所以傳統方法用的是觀想，到了中國禪法的運作，則轉為注重直覺的作用，心直接切入到本性直觀；然而，在直觀前，還是要借用很多的文字，用方法進行身心的調和，若沒有經歷此調和的過程，心便無法真正地把握修行的方向與目標。文字是用以傳達訊息，幫助我們確定方向與目標，爾後再用方法，幫助我們依方向通往目標，一步一步地完成。

過程中，我們發現方法會用得愈來愈簡單；不過，用方法的初始，還是比較複雜的，因為此階段的身心狀況較為複雜且雜染，也就是有比較多的問題需要一項、一項處理，當慢慢地掌握到原則性的方法後，就可用整體的方式處理。所謂整體的方式，指的是你所觀到的，你清楚它是什麼狀態，比如妄念現起時，它包含貪、瞋、癡的煩惱，再做細分，貪又有好幾種，瞋、癡亦然，若是把握其整體，你會知道它是某種貪或瞋、癡，再進一步把握到更原則性的部分，你就會知道它們都是煩惱，都是妄念。以我們的打坐經驗為例，打坐之初，腿痛、背痛齊發，身體好幾個部位都在痛，這時我們可能每個部位都需要處理一番。「膝蓋好痛呀！」就先注意膝蓋，告訴自己：「無常無常，膝蓋痛也是無常……。」感覺好像好些了：「唉呀！」又換腰痛了，再去觀腰的痛：「這也是無常喔！」好些了，然後又換腿痛……。一支香下來，心就隨著各個部位的痛跑來跑去，即使告訴自己，這些痛都是無常，叫自己的心不要那麼煩人，但要做到還真是不容易；隨著方法逐漸純熟，用得愈來愈好，你漸漸能體會到，反正都是痛，管它痛在哪個部位，都是無常，這時方法就變得簡單些了；接下來，是你整個身體都感受到這種觸覺，你認為它是舒服，它就是舒服，而且它是無常，所以你不再去分別它，這樣又更簡單了！到最後，是你根本不理它，只有方法。

不過，剛開始用功很難做到整體的觀，通常的情形是膝蓋痛了，心就跑到膝蓋那去處理。因為這時的心比較粗，以致於每個部位的覺受，都可能對我們造成干擾；當心漸漸調細，比較收攝了，這時就能用整體性的方法來處理，也比較容易把各種覺受放下；當方法用得更好，就可以完全不管這些覺受，因為它只是身根的觸覺而已，如此就能更平等地覺照它。

用方法時，當那些又粗又雜的妄念不斷生起，你可能會覺得很煩，工夫亦不得力，但若是方法用上去了，這時不管妄念有多少，都是因緣生、因緣滅，都是無常的，到了這個程度，方法就能愈來愈簡單；直到方法很熟悉，此階段打坐時不論身體有何觸覺或不舒服，對你都不會是困擾，因為你在用方法，妄念起起伏伏，工夫上上下下，甚或出現昏昧的狀態，這些你都可以放下，只管守著方法。一言蔽之，只要方法把握得愈好，心收攝得愈好，方法也會變得愈簡單。

由此可知，方法的由繁入簡，是我們用功時必經的過程。即使已經學會了方法，但在實際運作中，還是會出現很多複雜的現象，例如打坐時氣不通、身體的痠痛麻癢、氣動等，不論什麼狀況出現，其實都是生理上的不調和，若是一項一項處理，方法就會顯得很複雜；若能把握住整體性原則，回到方法上，將身體調正，再整體地處理問題，就能放下比較瑣碎的部分。調心亦然，方法用得愈好，就會愈簡單，不管再複雜的狀況，你都不理它，它就不會對你造成干擾，如果能將方法用到這個程度，即是達到身心統一的狀態，此時並非完全沒有妄念，有些深細的妄念，還是偶爾會跑出來，一旦察覺了，就提醒自己，要馬上回到方法上。其實最簡單、最直接的處理方式，就是回到方法上，或是審查一下，你的方法還在不在。

所謂方法，最初階段大多有所緣的境，漸漸用功到沒有所緣境了，此時的身心狀態即處在默照中，也就是不論好或不好的覺受，都能清清楚楚，同時心不被動搖，如此即是默／照（定／慧）一體的運作，用功到這個階段，所用的方法就是沒有方法的方法，也就是心本然性的功能在運作。

話頭運作不斷往內參

再者，話頭的方法運作，是不斷地往內參。此時心裡長期累積的一些煩惱，即使它們實則是由外附加上來的，但在往內的過程中，因為所用的方法很猛厲，便會使得一重又一重、乃至很深細的妄念不斷浮現。往內時，慢慢從問話頭轉而生起疑情，接著再凝聚為疑團，疑團運作時，可能連文字相都沒有，換言之，所提起的話頭沒有句子，只有一個很清楚、很細微的念頭，知道自己要知道、要見到。在不斷往內參的過程中，其實還有很多的妄念，這些妄念甚至是包圍著疑團，此時的疑團好比「黑漆桶」，行者如處黑漆桶中，但由於此際的心，只有非常單純的一念，只想著要見到，所以是很有力量的，也因此得以撥開一重重長期累積的問題與煩惱，不受這些妄念的干擾，最後得以參破疑團，到了這個階段，不是得到了什麼答案，而是好比打破黑漆桶般地把疑團打破了。

話頭的運作，是一重一重不斷往內、不斷加深的作用，也因此，參話頭或問話頭，乃至引發疑情時，心一定要調到不亂的狀態，方能往內用功；假如心的力量不夠，還有一大堆的妄念、煩惱，那是不可能進得去的。還有些禪眾的狀況，是在用話頭的過程，會抓住一些文字，而覺得自己找到了答案，其實這些都是妄念，是由於身心尚未調到一心不亂的狀態，所以用方法時，很多深層的妄念，包括自己長期所讀的經典、公案、禪詩、語錄等，便會浮現，這種情形在中國禪門裡可說屢見不鮮。

禪宗廣泛使用的「公案」一詞，原義為中國古代官府的判決文書，逐漸演變為禪宗專用的術語，希望參禪者能如公堂上的法官，來判斷古代祖師的案例，以達到開悟。公堂上的案例，好比法庭上的案件，其檔案紀錄中，一定有原告、被告，以及兩造律師的說法，最後還有法官根據憲法或法律條文所寫下的判詞，以之判定原告有罪與否，禪宗的公案禪，也是通過類似的過程，首先取一段禪師與學生（或禪師與禪師）之間的對話，參禪者用佛法來評斷，這段對話與兩人之間是否透出開悟的機鋒，若是開悟了，是根據何種說法？若是沒有開悟，又是從何判斷？由此可知，公案不一定都是開悟的體驗。後期的禪師們將這些禪門案例集結後，寫下自己的判詞，他們因為本身有很好的修行體驗，加上文學造詣亦高，所以能運用優美的文字，以詩、詞、歌賦等形式，來評斷一則則公案，很多禪眾讀多了禪門語錄與公案後，可以熟稔地背下來，信手拈來就能和他人談論這些公案，讓人覺得這彷彿就是他個人的修行體驗。我們若是常常熏習，在這幾天的打坐中，這些文句也會很容易跑出來，如果諸位是用參公案的方法，這時就可能會覺得自己好像要開悟了。然而只要一查究，便會知道這些文字其實是從某一部公案裡抄來的，而非是從自性中自然流露。

如果諸位用方法時，是用妄心、妄念用功，這些長久以來熏習的東西，就很容易跑出來，並且覺得它們是從自己的心裡流出來的，因為我們都把它們背誦到心裡了！所以用話頭、參公案時，這些從前熏習的東西便自然而然地出現了，然而它們不是一個答案，話頭的方法並非如此運作的。所以用話頭的過程中，如果心已凝聚到生起疑情乃至疑團，這時若有任何的妄念，或是一些雜染的干擾浮現，是很正常的，這當中可能包括各種經律論典的內容，由於長期的熏習，所以在用功的當下，它們也變成了妄念，一旦浮現，就讓它過去，因為這些都不是你要找的答案。

切斷思惟，打破慣性

引一則禪門著名的公案為例。香嚴智閑禪師在百丈懷海禪師座下參學多年，雖然遍讀經教義理，卻始終未悟。百丈懷海禪師圓寂後，他來到溈山靈佑祖師處繼續參學，靈佑祖師一見他，便說：「我什麼都不問你，我只問你，你在父母未生前的本來面目是什麼？」智閑禪師雖是一位飽讀經書的法師，但這問題在書本上和過去所學的知識中都找不出答案，所以他當下答不出來。這一問，讓智閑禪師明白了，話頭不是靠過去所學能夠找到答案的。直至他日後開悟，他也不是講答案，而是將開悟的心境，化為一首禪詩。在他的詩裡，有說他悟了什麼嗎？沒有。有說他在父母未生前的本來面目為何嗎？也沒有。如果他說了，我們現在也不用參了。正如當時智閑禪師答不出靈佑祖師的問題，向他請益，而靈佑祖師回道：「我答是我的東西，你要自己答出來，才是你自己的東西。我的解答對你毫無用處，你必須自己去找答案。」後來智閑禪師開悟了，也沒有說出所謂的答案，也因此，我們今天才得以繼續參這句話頭。

由此可知，中國禪宗的話頭，確實是一個很高明的方法，讓參禪者切斷所有的思惟，打破既有的慣性，不可以依賴任何的知識或其他的作用，只能夠靠自己與這一個話頭。也因此，話頭要很有力量，而這力量不是外來的，不是我們參啊參，突然整個人就爆發了，如果是這樣，這個力量就是外散的；而話頭的力量是朝內的，它是要打破我們重重的問題、障礙與妄念，所以話頭的力量如果不夠，便無法像一把寶劍般單刀直入，一砍就砍斷重重的煩惱與雜染。

為了讓諸位具足條件用話頭，可以循修止觀的程序，先用呼吸的方法調心，調到心不亂了，心和話頭統一，然後再提話頭、問話頭。問的過程中，疑情會慢慢引發、凝聚，直至成為疑團後，這時話頭或疑情的文字相，便逐漸消失，只有一個很有力量的心，一個想要見到、知道的心，如此我們才可能破參，見到本來面目。

話頭工夫的運作，仍有其次第，按部就班到方法能夠用上去的時候，其所產生的作用與力量會很猛厲，這時行者的身心必須處在很安定的狀態，否則話頭的力量就會分散。這就好比一個參話頭的人，話頭一直在嘴上，念呀念的，如此一來工夫就無法往內攝了。我們看虛雲老和尚參：「拖死屍是誰？」設若他鎮日喃喃念道這話頭，工夫都跑到外面散失了，話頭的力量就無法層層向內深入。

同樣以虛雲老和尚為例，他在開悟前的狀態，應該是經常處在很深的疑團裡。當時的傳統禪堂，每天會有好幾次的巡茶，午餐後進禪堂的第一香，會先給每人倒一杯茶或熱開水，通常禪眾會自備水杯，而巡茶的法師和喝茶的禪眾對這個倒茶的動作，其實都相當熟稔且有默契，為何那天倒茶會燙到虛老的手呢？為何沒燙到別人，就燙到他呢？是否他當時已然進入很深的疑團中，而他當時身心所感受的空間維次，和外部的空間狀態，已有所不同？當時虛老究竟是處於何種狀態呢？虛老沒有形容，也沒有其他人形容過，巡茶的法師亦無說明當時為何會燙到他，我們只能從虛老的一些傳記與自述中尋找蛛絲馬跡。據悉他開悟前其實發生了不少事，例如為了前往高旻寺打禪七，途中又是落水，又是發重病，終於到了高旻寺，住持和尚請他代職而遭拒，因高旻家風嚴峻，如請執事拒不就者，便視為慢眾，虛老因此免不了要受些懲處，當時有同學教他一些方便以規避罰則，但虛老卻寧願挨罰，也不管別人如何對他，總之就是一定要進禪堂用功。可見他當時的心是很直的，力量亦猛，唯有一念，就是要用功、要知道是怎麼回事，也因此才會發生「茶杯落地，虛空粉碎」這麼精彩的過程。當用功到如此程度，當下的心還會有很多雜念嗎？還會想東想西，想要逃避這、逃避那嗎？沒有了。只有一個念頭、一個心：就是要用功參禪，除此之外再無其他。

身心安定才用話頭

話頭的方法很具體，運作程序次第分明，為什麼我們用方法卻很難用到這麼深的程度呢？因為我們有太多東西、太多妄念，以及太多的雜務；此外，我們還帶著一個急功近利的心進禪堂用功，總習慣要設立一個目標努力追逐，忘記了當我們實際用功，用到很投入、甚至是完全進入的狀態時，所謂的目標為何、目標在哪裡，其實都可以放下，因為那時只有當下，只知道朝著這個方向把握方法，將全部的身心投入就對了。

用話頭時，如果身心尚未調到一個很安定的狀態，想要更深入地用方法是很不容易的。再者，如果身心尚不安定，就抓著方法在妄念上用功，非但無法發揮話頭的效果，甚至還會出現很多錯誤的狀態，導致抓取一些錯誤的訊息，還以為自己快開悟了。坊間有些以禪修為名的團體，在運作上便出現類似的情形，聖嚴師父對這情形其實知之甚詳，所以帶領禪眾用功，他一定先用前方便幫助大家，達到身心某種程度的安定，然後才用方法。如果禪眾的七打得不好，或是打不出什麼效果，師父甚至連方法都不提，例如有的人狀態比較粗散，師父就不會對他們提方法，至於狀態比較凝聚的人，師父就可能會給他們話頭，有時也會用話來逼拶，視每個人的狀態而定。對於用功用得不錯、給了話頭的同學，解七的時候，師父會要大家全部出靜，也就是把方法放下，如果回去後還要用話頭，師父提醒他們提一提就好，不要像在禪堂一樣，用很猛厲的方式用功。

對聖嚴師父的方法有了概括的了解後，我們接下來用方法，一則可以從前方便進入，再者可以直接用話頭。直接用話頭還是有其前方便的過程，也就是念話頭，念到跟身心統一，達到很安定的狀態後，再轉為問話頭、參話頭。問和參基本上是一樣的，不過前者較淺，後者較深，當疑情生起，逐漸凝聚為疑團後，接下來就進入參話頭的階段。在此過程中，並沒有所謂參到最後，會得到了一個答案這麼一回事，此階段稱為「破參」，也就是要打破疑團，在打破疑團的當下，便是見到了本來面目。所以並沒有一個答案在那裡，因為「見到」是一種直覺，它沒有文字相；不過「見到」的人，例如很多禪師為了要傳達訊息，可能以直接或間接的方式傳達，或是有些破參的行者為了要和老師印證，也會透過一些動作或語言顯現他的體驗，老師一看就知道他是否直心流露，因為老師自己有破參的體驗，他當下就能知道學生傳達的，是不是這麼一回事，他的一句話是否出於直心，還是轉了幾個彎才出來的，絲毫逃不過老師的眼光。

回到我們每個人的狀態。假如你覺得自己一向對生命有疑情，而且向來都有想見到本來面目這種內在的願心、願力，那麼話頭的方法就很適合你。而在用話頭時，方法運作的技巧和次第，都已經這麼清楚地向各位說明了，那就要循著步驟好好用功。除了話頭外，其他的方法亦如是。例如用呼吸的方法，就要先調到一心不亂、身心凝聚，這時再把呼吸放下，將話頭提起。在提起的過程中，要先讓心與話頭統一，接下來再去問話頭、參話頭；如果是用念佛的方法，也是先念到一心不亂，讓所念的佛號回到心更內在的作用後，再轉成「念佛的是誰？」這個話頭；同理，如果是一開始就提話頭用功的人，在提起時，可以先像念佛那樣地念話頭。剛開始念的時候，可能會斷斷續續，那麼就加上一個數字，如此念到一心不亂，話頭與身心統一，妄念不再干擾，身心放鬆安定了，再往內去問話頭、參話頭。

生命疑情非來自想，而是從心起

由此可見，方法可以有不同的切入方式，但整體的運作過程則是一樣的。即使一開始就用話頭，但前面幾個階段的用功，目的還是在於凝聚身心專注與覺照的作用，此時所用的話頭是所緣境，用的是意根（意識）的作用，也就是在眾多的妄念裡先提起一個正念，而這個話頭就是我們的正念，當我們念著它，不管有任何的妄念、煩惱起現行，只要一把話頭提起，身心就維持在正念的狀態上，不受妄念、煩惱的干擾。簡言之，用話頭的方法時，就是只有一個話頭，一直把它用下去便是，至於用到什麼時候能身心統一呢？那就不是我們能夠預期，也不是我們不斷打妄想就能做到的；此外，也不要一直想像著好像有疑情生起。

有些人一個話頭念沒幾次，就在看自己是不是已經生起疑情了，甚至有人是才開始用話頭就想要有疑情，這樣的疑情一定是從假想、從妄念跑出來的。其實，想像力可以讓我們想要有多少疑情，就有多少疑情，但問題是，疑情不是想像來的，它是從我們內心對生命的疑問而來，就好比我們偶然生起一個念頭：「生從何來，死往何去？」這真是個大哉問！但如果你是故意在那裡不斷地叨念：「生從哪裡來啊？死往哪裡去啊？……。」這就不是疑情，而只是你的想像了。

話頭的方法很好運用，只要能提出一個與自己相應的話頭，就可以用念的方法用功。有些人念佛，念到一心不亂，疑情也有可能在這種狀態下自然生起；打坐數呼吸亦然，當坐到很安定，疑情也有可能從心裡跑出來，主要就看這個疑情當中，是否有一個明確的句子，有的話就可以轉為問話頭、參話頭的方法，朝這個方向用功，那就沒有問題；但有時我們生起一個念頭、一個句子，它雖是從心裡跑出來的，但不一定就是話頭或疑情。舉例來說，在打坐中，油然生起「我是誰？」的疑問，這就比較偏向疑情了，因為我們都很清楚自己是某某人，也充分了解自己的成長背景、過程，但在打坐之間，忽然想問自己到底是誰，表示對這個「我」開始有疑問了，這就是「我」嗎？好像不是喔。如果這時你不斷問的是：「我在哪裡？」這就不是話頭了，你不要去參它。這兩者的差異在哪呢？再舉一例說明。我們說：「念佛的是誰？」這句話頭若是用英文念，就是：「Who is reciting the Buddha's name?」它的問題一是太長，二是「Who」這個字跑到了句首，若是翻成中文，就變成：「誰在念佛？」中文的話頭會把「念佛是誰？」的「誰」放在句尾，這看似不大的差異，影響卻很大，因為一個話頭的關鍵所在的位置，會影響我們在念它時力量的凝聚。這就是為什麼話頭這個方法只在中國可用，在別處都不太可行，因為中國的文字太妙了！似乎只有中文，才能把話頭用得那麼直接、那麼準確。西方目前用話頭，最常用的就是：「What is wu?」翻成中文就是：「什麼是無？」他們念「wu」，是中文「無」的音譯，比較接近中文的用法，也就是把「無」放在後面，這點很重要，因為若是念成：「無是什麼？」那就不對了，「什麼是無？」才是正確的，因為這句子一顛倒，力量就沒有了，就像我們念：「父母未生前的本來面目是誰？」是誰？是誰！這才是重要的。若是念成：「誰是父母未生前的本來面目？」這就不對了，因為力量無法凝聚。

由此可知，我們所用的中國文字，本身就含有很大的力量，只要以正確的話頭方法運作，通過文字就能讓人進入一種愈來愈向內凝聚的狀態。我們的福報真的太大了！祖師們竟能開發出如此善巧的方法，一方面直接用我們身心內在想知道自己本來面目的本能與自覺，另一方面又利用話頭這樣一個很有力量的文句結構，與我們的自覺及疑情相應，這樣的方法，在整個佛教體系中，只見於中國禪宗，而我們現在能使用這個方法修行，實在是太殊勝了！

為了讓話頭的效果充分發揮，我們要對整體運作有清楚認識。首先，要知道話頭是一個很具體的所緣境，讓我們的心能念到一心不亂，然後再來問話頭、參話頭。諸位可以衡量自己的狀態，如果你現在已達到某種程度的安定，也和話頭這個方法頗相應的，同時也感到話頭真的是很有力量，能引發你一種嚮往的心，你就可以提起這個方法。提起時，請自覺自己當下的程度，然後按照與這個程度相應的次第，循序地好好用功。

〈第七講〉

話頭的用功技巧

我們繼續談話頭的方法。關於話頭的技巧，參話頭時必須要有疑情，才能與之相應。話頭是中國禪宗的獨家法門，在印度佛教與其他宗教體系的禪法中，並未見過類似的方法，會開發於中國必然有其原因，這與我們所使用的語言文字有關。設若用其他語言來參話頭，會發現它們都不如漢文來得有力，能如此直接地引發出內心的疑情。

中文特有的話頭

中國禪宗最常用的話頭之一，就是「父母未生前本來面目」；另外，《六祖壇經》宗寶本裡，提到六祖惠能在黃梅得法後，旋即南下避難，首先追上他的武僧慧明，向他表示自己是為求法而來，非為奪衣，於是惠能大師告訴他如何用功，即是「不思善，不思惡」，在此之際，便能見到本來面目，慧明聞言大悟。而這句「不思善，不思惡」，也是一個話頭。

若是再往前追溯，便會發現，其實歷代祖師，很多都有類似的公案。例如五祖弘忍，七歲時與四祖道信於路上偶遇，當時四祖問他：「子何姓？」五祖答曰：「性空，故無。」明明四祖問的是你姓什麼，五祖怎麼說我無性呢？「姓」與「性」雖是兩回事，然五祖引四祖所問之姓，而回以無性，指的即是性空，當中的巧妙之處，唯有中文才能顯現，亦含有話頭的成分在。更早的達摩祖師，當時慧可上嵩山找他，說他的心不安，請求為其安心，達摩祖師聞言即道：「將心來，與汝安。」達摩祖師不是要幫慧可「安你不安的心」，而是要慧可直接「把心拿來，幫你安」。這也是一個話頭，所以慧可當下就悟了。

禪宗特有的公案

唯有中國禪宗的系統，才採取這類問答的形式，也只有中國禪宗，才有所謂的公案，把這些傳說、故事乃至事實等記錄下來。只要是公案，都會有一個評斷，這個評斷的依據，即是「法」。古代公堂上審案，依的也是法，不過依的是世間的法律，至於出世間的公案，則是依佛法來判斷整個公案與故事發展的過程，這個方法獨見於中國禪宗。中國禪宗不僅在佛教歷史上，甚至擴及整個人類文明史，都是一個非常特殊的文化現象，它吸收由印度傳來的大乘佛教文化與精神，並和中國本有的思想融合，薈萃出智慧的結晶。要說它是純中國化的，又發現當中仍保有許多印度佛教的智慧，要說它是佛教智慧，又發現其中融攝了大量的中國文化，由此可知，禪宗的出現，乃至綜觀中國佛教各宗派，實是經歷了一段相當重要的文化發展歷程，從此中國文化離不開佛教，而就整個佛教的發展來看，中國文化也扮演了一個舉足輕重的關鍵角色。

以上是從歷史的現象而言，接下來我們還是將重心放在修行上。公案是用來修行、用來參的，當話頭的方法傳到日本後，他們也是拿公案來參，而在所參的公案中，最普遍的一個公案，並將之轉為一個話頭的，就是「無字公案」。這則公案的起源，諸位也很清楚，就是一個「無」字，而這個「無」，究竟它要說的是什麼呢？就字面看，凡使用漢文，受漢文化影響的國家，包括日、韓等國，它們至今所參的，仍是漢文的這個「無」字，甚至當禪法傳到西方，西方人參話頭，參的也是無的發音（wu），因為若是把「無」譯成任何一種西方文字，那就不對了，它就不會成為一個話頭，但這個「無」字只要是在中文的語境裡，就會變得特殊，因為漢民族打從用這個「無」字開始，便賦予它深刻的涵義，例如道家所謂的「無」，當中即有很深廣的意義，要說它沒有，它又不是完全沒有，乃至後來禪宗也用了很多的「無」，例如無住、無念、無相、無門、無法等。若就嚴格的字義而論，「無」的意思其實很淺，但禪宗在用這個字時，它的意義就變得很深，以致於單一個「無」字，就能成為一個公案，而且歷朝歷代都將它視為一個非常重要的公案，如果我們將它轉成一個話頭，它也會是一個很重要的話頭，而它緣起的故事其實很簡單。一個學生問趙州禪師：「狗子有佛性也無？」這句話若翻成白話，即：「狗子有沒有佛性？」這意思就淺了。由此可見，我們現在所用的白話文，還是太淺：「狗子有沒有佛性？」「沒有。」這樣故事就說完，不用再繼續下去了；可是按從前的說法：「狗子有佛性也無？」它就能成為一個公案，關鍵在於「無」這個字包含了什麼意思？它要傳達的是什麼訊息？所以參公案，就是要參出為什麼趙州和尚要回答：「無。」這個「無」究竟要傳達什麼訊息呢？

一切眾生皆有佛性

我們現在之所以在此用功，依據的正是大乘佛教的根本原理，即一切眾生皆有佛性，後來惠能大師將其簡化，說明佛性是一切眾生的本性，當中帶有一種普遍的涵義；但在《六祖壇經》中，惠能大師又特別強調「自性」，這就和原先的「眾生皆有佛性」有所不同了；另一方面，中觀所說的「自性」，指的是「我」，這又和六祖所謂的「自性」意思截然不同，六祖所謂的自性，是要回到每一個眾生各自的本性。由此可見，佛教在中國的流變，直至禪宗的出現，復又回歸到原始佛教的精神，也就是「自依止、法依止」，你不能夠靠任何其他人來幫助你解脫，因為各自的本性是清淨的，所以要回到自身，如此修行才是真正地踏實。

基於大乘佛法的這個原理，再把眼光向外看，又會看到包括我們自己在內的許多眾生，佛性都沒有顯現出來，如果能顯現出來就是佛了！因為沒有顯現，所以有時會混淆，以為既然眾生都有佛性，那我也當然有，所以就可以不用修行了；或是認為眾生應該全部像佛一樣，呈現出某些具普遍性的形象，然而眾生皆有佛性的普遍性，並不是這麼解釋，因為修行一定要回到自己，各人生死各人了，所以要回到自己，也就是自性，這個自性才是普遍性的佛性。

佛性是指眾生都有心，也就有覺悟的能力，廣而論之，佛性即法性，法則涵蓋有情與無情。從法所指涉的眾生之本性，再回到個人的本性，發現兩者說的其實都是空性。空必然是清淨的，我們知道現在環境中有很多霧霾，但不論霧霾在不在，虛空本身是不會被汙染的，雖然外相上顯現出很多雜染的現象，但究其實，被汙染的是空氣，而非虛空。空一定是清淨的，這是它本然性的清淨，不是因為人為造作將霧霾消除，才讓它恢復清淨，換言之，不論有無霧霾，空皆清淨。同理，一切眾生的本性，同樣是空，所以也是清淨的，一切的雜染，雖然在事相上看來是染汙的，但本性不會被汙染，因為這是它本然性的清淨，它是空的。了解了這個原理，明白一切眾生都有佛性，行者便循著這個原理用功修行。

而這裡就有個問題了，為什麼弟子問趙州禪師：「狗子有佛性也無？」他要說「無」呢？這個「無」到底含有什麼意思，是否定亦或肯定？再說這個弟子，大乘佛教經典已經讀了這麼多，原理其實也很清楚，為什麼還要問這問題？這師徒間的一問一答，可以有很多的解釋，所以歷來許多禪師有的寫詩、有的提詞，還有的寫偈頌來評斷這則公案，而無門禪師則告訴我們，趙州和尚所說的「無」，即是修行第一關，至於如何參這個「無」呢？要當它是滾熱的鐵球，放在喉嚨裡，吞不下也吐不出，只能緊緊看住它，不著第二念，以這樣的方式來用功，方可參破。無門禪師著有《無門關》一書，首篇公案即是「無字公案」，後來無字公案非常流行，乃至趙州禪師的其他公案亦廣為人知。

說到趙州禪師，他本身沒有開宗立派，但他留下了許多公案故事，皆深受人們喜愛。他活到一百二十歲，八十歲時還到處行腳，是一位很可愛的禪師，他的很多公案都相當活潑有趣，例如著名的「喫茶去」，兩位僧人特從遠方前來向趙州禪師請教何謂禪，趙州禪師先問其中一人先前有沒有來過，對方回答沒有，趙州禪師就叫他「喫茶去」，再問另一人，此人回答曾來過，趙州禪師也叫他「喫茶去」，他的弟子不明白，怎麼沒來過的去喫茶，來過的也去喫茶，趙州禪師便叫了那弟子名字，弟子回應了一聲，趙州禪師也叫他「喫茶去」。趙州禪師留下了許多既生活又有趣的公案故事，也留下了諸如「無字公案」等不少話頭讓後人參究，剛開始參這個無時，自然生起的疑情，便就是趙州禪師為什麼要說「無」呢？這個無字，常讓人頭痛，但也因此死心塌地死守著參究，所以後來大為流行，大家都在參無字公案，而這是屬於比較直接的修行方法，至於比較間接的方法，則是將公案視為具有一定程度的思考性，每一則流傳下來的公案，因為都包含了不同面向與深淺的思考，所以公案就要一個一個參，一個一個刺透、參破，甚至可能要參成百上千個以上。在此過程中，許多公案就會透顯出其中的思考性，有些禪師會將它們提出後再做評唱。早期禪堂中，堂頭和尚或主七和尚會向禪眾提出一個公案，而後有的會做評唱，有的則無，做為對禪眾的開示，現在可能還有一些道場仍沿襲這樣的方法，也就是提起古人的公案，供禪眾們參究。

評斷對修行的體驗

至於評唱，先前我們提到，評唱即是一種評斷，也就是依佛法來判斷禪師與禪師間，或學生與禪師間的對話與互動，究竟是怎麼一回事。以前的禪師，會把古代的禪師發生過的事拿來問學生，也有可能是學生拿來問老師，於是就有了對答以及互動的過程，這本身即成為另外一則公案。例如有的禪師針對學生的提問做出了判斷，而後人從這個判斷，即可看出他對法與修行的體驗，他的智慧有多深、悟境有多高等，皆可據此做出評斷，而這個評斷本身，後人還可以再做評斷，比如一個公案發生了，某禪師做出了某種評斷，後來的禪師還可以再評斷他，也許會發現他的見解太淺，也或者發現他的評斷太深、太重要了，而這整個過程都可以被記錄下來，出版成書後，就成了後人的參考書。

參考書顧名思義，好處就是可供人們參考，尤其現在有了網路，不論做什麼學問，需要哪些參考書，只要一上網，參考資料應有盡有。包括方才提到的這些公案，要看評斷只要上網找一定找得到。這確實帶給我們學習上很大的方便，於此同時卻也讓我們疏懶了，常常在做學術論文的時候，就是把整段網路上找到的文章擷取下來，連抄都不用抄；相反地，以前的人做學問，像印順導師和聖嚴師父，都是那麼地紮實，為什麼？因為他們做學問，寫的每一篇文章、每一個字，都是手抄的。從前的人做學問，都有寫卡片抄錄的習慣。我看過一篇文章，介紹臺大哲學系的某位教授，他每次上課都會帶一個籃子，裡面全都是卡片，他一面講課一面抽出卡片，這些卡片上面全部都是他的學問，雖然援引的可能是別人的知識，但經過抄錄後，這學問就變成他的了，他只要隨手一抽就能講授。

從前的人學問能如此紮實，除了重抄錄，還在於他們讀書時，是一段、一段老老實實地通讀、遍讀。所以像請教印順導師和聖嚴師父問題時，他們都會知道相關問題的出處是在《大藏經》哪個部分，若是換成問我們，大概都得用手機或電腦查詢才知道位於哪裡，因為現在上網查閱資料太方便了。此外，還有光碟版的《大藏經》可使用，這導致很多學佛人從來沒見過大部頭的紙本《大藏經》，更遑論翻閱了，而聖嚴師父和印順導師的那個時代，他們在閱藏時，真的是一行、一行讀，遇到重點就趕緊做筆記，筆記做完後，一篇論文也完成了。他們太習慣這樣的閱讀方式，所以閱讀過的內容，都能夠紮紮實實地背記，並深深地吸收於心；相較於我們現在做學問的方式，我們真的是太淺薄了，由於所知有限，所以動不動就要查資料，雖然資料都能很方便地馬上查到，可是這樣的方法會讓我們實際運用資料時，只能浮浮淺淺地運用，為什麼呢？因為無法背記，以致於下一回又得重複找同樣的資料，雖然是能很快地找到，但也還是無法背記。學習就是不斷重複這個循環，不像從前的人學習，都能很紮實地背記，這是今昔很大的不同。再者，從前公案都是手抄，出版成書更是可貴，所以從前的人閱讀，都會慎重地把它們背記起來，而我們現在因為取得容易，輕鬆一查就有很多人對公案做各種評述文章，也因此讓我們很難對公案生起疑情，並將之轉為修行的方法。此外，現在的人說法、講公案，講得往往很表淺，鮮少觸及公案內在深層的意思，而過往的祖師們在評斷時，則可以講得很深入，雖然閱讀的人，未必能讀到那麼深的意涵，但只要常常念、常常讀，還是能夠很紮實地背記下來。

如果諸位精進用功，平常就拿這些本子不斷地熏習，久而久之，在參話頭、公案時，就可能動輒有答案跑出來。雖然先前也提醒諸位，不要抓住這些答案，但一旦有答案出來，往往還是會很興奮，以為自己要開悟了。不過此處說的還是有做功課的同學，才能夠因為長時熏習而生出所謂的答案，至於功課做得疏懶的同學，會參出什麼呢？妄念！這還不是佛法，程度就更淺了！

再說到長時熏習、背誦的禪眾們，他們不僅能把祖師的偈頌背出來，甚且還能生出自己的偈頌來。因為他們對這些句子太熟悉了，把這些文句東拼西湊，就成了彷彿是自己的東西，但這真是他們的體會嗎？不一定。先前也提到，不論用任何修行方法開悟，見到本來面目、清淨自性的人，其所見一定是直心流露的。不論他的表達是透過行動、語言，或是用祖師及前輩們的字句與話語，但一定都會轉為他們自身的體驗，然後自然地流露；至於那些在參公案、話頭時常常跑出答案的人，往往是因為總把他人的體驗當成自己的體驗。特別是現代學佛人，我們現在吸收的佛法通常都是知識，而沒有消化為自己的知見，更遑論轉化為自己的智慧了。如果是自己的智慧，必然是從內心自然流露，即所謂一行三昧。

了解這點就會知道，一個修行人如果有什麼體驗，或是修行達到某種程度的悟境，他所表達的，跟尚未達到此境界時所表達的，必定不同，而他能否判斷出兩者的不同呢？體驗不夠深徹的人，可能就分辨不出來，他所以為的禪境，也可能只是口頭禪罷了。不過如果他很會背誦，就有可能讓自己和別人以為他開悟了。其實他是沒有遇到高明的老師，當頭棒喝告訴他：「開悟還早呢！繼續用功！」少了老師的提點，他就可能招搖過市，甚至拿那些口頭禪譁眾取寵，各種問題與負面現象便接踵而出。

禪宗善用文字

這裡便衍生一個問題：這些經典、文字，也就是文義法，到底好不好？到底需不需要呢？其實從另一個角度思考，如果沒有文義法，要如何向人傳達訊息呢？這樣想，答案就顯而易見了。可是，有了文義法，人們會把文字當真理，這又該怎麼辦呢？因此，禪宗提出「不立文字」的說法，而另一方面，禪宗卻是最會運用文字，並留下最多文字的宗派，這表示禪宗在運用文字上，非常擅長於取得巧妙的平衡，換言之，禪宗善用文字，卻不被文字綁死，這點是禪宗很大的特色。

要善用文字，就需要高明的智慧，否則最後還是會被文字綁死。大慧宗杲禪師燒毀他師父的著作，即是因為他師父的著作已經變成文字禪，把別人都綁住了。當然，這是一個對治的作法，所以連這麼好的書都必須燒毀，以破除人們對文字的執著。佛陀說法四十九年，但佛陀說他一句話都沒說，所以《金剛經》中，他告訴須菩提：「說法者，無法可說，是名說法。」便是在告訴我們，法尚應捨，何況文字呢？可是如果沒有文字，又無法傳達訊息，所以我們在用公案、話頭時，就要清楚它的用法。開始時使用文字，目的是在接引我們，逐漸用功用得愈來愈好，文字相就要慢慢地減輕，若此時仍緊抓著從妄念裡跑出來的文字，把它當成答案，就又被文字綁死了。

一個話頭參到底

諸位用方法，一定要了解文字的功能與局限，用話頭亦然。大慧宗杲禪師何以要將公案放開，直接用話頭？因為公案裡最關鍵、最核心的，就是那句話頭，既然如此，把這個句子拿出來參就好，這樣一來就可打破思惟的作用，因為參公案時，還是有思惟。現在還有些道場，用的方法是將公案一個個拿出來參，參破一個再一個，若干個為一組，當這一組都參破了，第一階段就過關，然後進入第二階段，就要運用更深一層的技巧，參破此階段為一組的公案，再至下一階段，直至參破最後一階段的公案，即是開悟。這個方法也是有次第的，不同階段各有其運用的方法，技巧深淺各不同，不過這個方法中國禪宗較少採用，禪宗所用的方法，基本上都是把握一個話頭參到底，不會一直換話頭。

諸位可能聽過有種說法，認為話頭還是有程度深淺的不同，所以參完了一個，還要再參另一個；不過大慧宗杲禪師提倡的，則是只參一個話頭，行者若是下工夫一路參到底，等到了有體驗時，便會發現只要把一個話頭透徹地參破，接下來便無須再參其他的話頭，若之後還要再用其他的話頭，目的則是為了保養聖胎，以做為修定之用。因為話頭是一個很猛厲的方法，通過方法把心凝聚到很穩的時候，其產生的作用，是很有爆發力的，所以當行者有了修行體驗，破參後有了悟境，這整個達致開悟的歷程，屬於頓悟，它雖然來得猛，但是心凝聚的定卻未必很深，我們知道話頭凝聚的定，必然有一定的深度，才能破參，但如果行者原本修的禪定工夫還不夠深，那麼他在破參之後，若沒有繼續保持既深且穩的禪定工夫，這個破參後見到清淨本性的悟境與體驗，還是有可能被現實生活中的種種雜染所覆蓋，儘管修行時，很清楚地知道這些雜染都是外來的，但事實上，雜染依然存在於意識層面並繼續作用著，所以保持禪定的工夫，是破參後很重要的功課。

初期佛教有所謂慧解脫阿羅漢，他們沒有修很深的定，可能就修到基本的未到地定或欲界定，一個因緣讓他們突破了我見而開悟，證得阿羅漢，他們因此解脫，並證到了初果，這時他們就會知道，接下來還必須修定。開悟後再來修定，是依慧起修，有的人修的是深定，但也有修基本的定而不修深定，不論是前者或後者，凡依慧修定，大抵都沒什麼問題。至於中國禪宗，不強調修深定。這是指教學上，禪宗不太談論深定的體驗，但其實有很多開悟的禪師，都能入深定。開悟者安住於深定，目的是為了保持他的悟境和體驗，因為在整個修行的過程裡，一旦第一次有了開悟的體驗，信心就不會退轉，不過修行的工夫卻還是可能上上下下，甚至退轉，所以保持禪定，就是保持修行的工夫不退轉。

悟後再起修，聖嚴師父教的方法是：看住那個話頭。其實用的、念的還是原本的話頭，不過和修行之初的念法有些不同，此時因為已經有了體驗，所以這個話頭只是掛在那裡，行者只要看住它即可。悟後起修的話頭，與開悟前的話頭，不同之處在於後者是斷斷續續、跑上跑下，所以必須抓住、提起它，而開悟後因為有了體驗，到了這個程度，話頭其實已經不會消失，它就是在那裡，天天都能見著它，所以爾後的修行只要看著話頭即可，以這樣的方式修定，讓自己的悟境得以保持不退轉。

話頭是一個工具、技巧和方法，一方面可用來對治散亂心，另一方面也可用以凝聚心，通過專注、凝聚的過程，讓人深入內心，直至見到本來面目，然後再用話頭保持工夫的穩定性，讓悟境不退轉，如此，整個話頭的工夫就能連貫起來。

循著直覺的方式用功

諸位若想要把話頭用好，首先必須了解自己的狀況，再者要了解所用的話頭，循的是什麼樣的修行方法。比如說無字公案，雖然參的是無，但當中還有思惟的作用，要等它由一則公案轉為一個話頭後，才會更直接地問什麼是無。其實最簡單的方法，是直接提起「無」，也就是用念的方法。念是心比較內在的一種功能，相較於用公案還有想的作用，念話頭則是連思惟都放下。中國禪宗後期的方法，以念話頭為主，因為它是更直覺的。先前我們提到默照的照，即是觀照，觀照和觀想的不同，在於觀想還有思惟的作用，而觀照則是更直接地直觀，由於禪宗的方法都是直觀的，所以同理可知，用話頭時，自然會演變為以最直觀的方法為主。用話頭最直接的方法，就是看著、念著這個話頭，然後問這個話頭。所謂問，並非一種思惟的作用，也不是猜謎語，或是要找到一個答案，而是直接地問它，通過問的過程，讓內在的疑情生起，當疑情生起到一個程度後，便會發現這整個過程都是很直覺的，當中並沒有摻雜什麼思惟，更沒有什麼答案，它就是一個念：「我要見到，我要知道。」如此而已，所以它是很直覺的。

中國禪宗的頓悟法門，就是循著直覺的方式用功，不夾雜思惟等其他作用。不過，這樣的方法，實際運作時會發現很容易夾雜著我們的慣性，所以用方法時，就要提醒自己：「只有方法。」若發現自己離開了方法，夾雜了很多公案、話頭等的思惟，就要知道這些都是妄念，然後回到方法上。

我們用話頭，從開始的念話頭，到之後的問話頭，也是以這樣的方式用功。如此，我們的修行，就是循著一條直路走到底，既不走旁路，也不拐彎抹角，更不用去思惟。不過，這樣的方法，如果工夫用得不得力，會覺得滿苦悶，甚至會覺得快念不下去。話頭一直念、念、念，疑情卻始終生不起來，這情形就像成語所說的「味如嚼蠟」。為什麼有的人會有這樣的狀況呢？因為這個方法太直接、太簡單，甚至有些單調，如果禪眾的耐心不夠，或是還有很多的想像，想像著疑情生起時的情形，想像著要趕快開悟，這些未來心若是一直跑出來，工夫是沒辦法用下去的。不過，如果你能老實地照著方法用功，雖然初階段會有些單調，不過當話頭念到與心相應的時候，你將發現這念著、念著，回甘的滋味就出來了，此時切記不要以為自己得到了什麼，或是有了什麼特殊的體驗，而是要回到方法上繼續用功。

由此可知，話頭的方法雖然簡單、直接，但心必須與之相應，才能品到它回甘的滋味。假如心還是那麼複雜，還有許多雜染，還是在過去心與未來心之間不斷輪迴，就不可能體會到工夫得力後的念話頭味道了。因此，耐心是很重要的。一般來說，打坐的初階段是最難熬的，觀察我們舉辦的禪修課程，雖然來學打坐的人很多，但能持續用功、精進的，人數往往會愈來愈少，因為如果方法用不上去，什麼味道都沒有了，加之如果對修行方法的原理和自己的身心狀態不了解，很多人的修行就會因此退失。

用功真的是需要耐性，並且配合方法運用的技巧。諸位現在用話頭，就要知道如何把它用好，了解它的基本原理、原則，知道它的中心點在哪裡，以及如何把方法提起來，而後在實際運作時，要有耐心、有恆心地用方法。當方法用到與心相應，心被調得愈來愈直、愈來愈簡單，就表示你的方法已經貫通了。

回到自身問話頭

至於要提什麼話頭呢？每個人可視個人的狀況而定。「什麼是無？」是傳統上很主流的一個話頭，諸位要用亦可，不過這個「無」，似乎跟我們自身比較沒有關係，有的人用了之後，會覺得沒什麼味道，那麼就可以回到我們自身來問，一般常問的是：「打坐是誰？」「念佛是誰？」此處所謂的「誰」，不是對外，而是對內，最直接的提問就是：「我是誰？」但為了讓禪眾能多點觀照，就會提到：「父母未生前的本來面目是誰？」比較理論的說法則是：「一念未生前的本來面目是誰？」或者是直接回到身體的運作，我們的身體能夠運動，是因為有一個內在的作用，這個作用每天把身體拖來拖去，假如沒有了這個內在作用，身體其實不過是一具屍體，於是就有了這樣的提問：「拖著死屍的是誰？」

上述這一類話頭，都是回到自身內心去問，亦見諸於歷來的禪門公案中。如果各位覺得這樣的問法更直接，就可以提起做為話頭。包括打坐時，如果用的是只管打坐的方法，當坐到身心放鬆，突然生起了一念：「這個正在打坐的是誰？」這本身就是一個話頭了。

各位要觀察自己的狀態，找到合適的話頭，讓自己的心在用話頭的過程中，漸漸與之相應；也可以透過其他的方法用功，先將身心調得更安定，心也更加凝聚、簡單後，再來提起話頭。方法是選一個和自己相應的話頭，開始念它，接著慢慢與話頭統一。如前所述，話頭就是一條直路走到底，從念到問，直至破參，只管緊緊把握住一個話頭，這就是話頭運作的方法。

〈第八講〉

對因果、空性的體悟

清楚了話頭的用功技巧與次第後，就能以一個很系統性的次第使用話頭，相較於前人，可以說是很有福報的。我們知道在使用方法時，不是要用話頭來找答案或猜謎語，也不是要等著看心裡能否跑出什麼詩句或禪語來，讓人以為自己開悟了。話頭最終是要破參，也就是「打破黑漆桶」，參破疑團。整個破參的過程，就是邁向開悟的過程。

大部分禪修者對於開悟都很有興趣，尤其中國禪法更是特別強調。開悟用傳統的說法，就是解脫、覺悟的意思。說法雖然不同，但它們有一個共同的意思，即指對佛法有一完整的體驗。在獲得這個體驗前，我們是用比較偏向知識性的方式建立對佛法的理解，爾後這些理解慢慢融入我們的心與生命，並逐漸在日常生活中實際運作。當佛法從知識到知見，乃至到最後與生命完全融合，我們的心與生命才完全是依佛法而運行，至此，即是契入了完整的佛法體驗，亦即佛法的究竟真實。

而所謂的究竟真實，或稱為宇宙真諦、法界實相，或是用其他的哲學、宗教名相等字眼來形容它，它們共同指涉的是「一切現象的運作法則」，這當中包括了可見、不可見與一切透過想像與推理獲知的現象，它們都必然有一個終極真實的法則，或是一套系統與次序的運作。而這個法則與運作系統是什麼呢？就是因與果。

悟道符合因果

所謂因果，指的是一切顯現的現象，必然都有原因做為它的條件，才得以顯現，而這個顯現出來的現象，即果報，必然是由種種的條件組合而顯現，所以果一定是從因而生，不會有無因之果。諸位都知道無花果這種果實，它顛覆了植物結果前一定要先開花的普遍認知，不過即使無花果不開花就結果，仍舊是從樹上長出果實，也就是說，雖然不同於一般植物界的生長次序，還是有它固定的成長歷程，只是不經過開花的階段而已，但我們不能因此說，無花果是無因之果，因為果一定是從因而生的。

所有的現象都必有其條件、原因，因著種種因素組合，方得以顯現。其實我們只要經過推理與知識上的學習，具備一般的辨別能力，就會知道果一定是從因而生。果和因顯現時，是事相，凡事相必然會有它的理則，小至個人的身體、心理，大到物理、物質界的整體運作皆然。換言之，一切現象的顯現，都有其次序，但若個別觀察種種果從因生的事相，便會發現，即使它們依循的是同一理則，但它們所顯現的現象，往往不盡相同。以物理學為例，物理學有很多的定律，如牛頓定律、愛因斯坦定律等，這些定律在研究之初，都是透過觀察種種物質現象，而抽絲剝繭出理則。除了物理的理則，在化學、生物等領域的理則，人類還更進一步發現轉變這些理則的方法。這就是人與眾生的不同之處，人類懂得轉化能量與物質，但轉化的前提，一定要懂得它的理，所以透過發現各種不同的定律，人們就以這些理則為基礎，嘗試改變。我們雖然能做到各種形式的轉化，但一切現象仍是循著基本的理則運作，正因如此，才能提供人類無限學習與轉化的可能。

空是一切法的本性

所有的「有」，一定是依空而立，不會無中生有。雖然有些哲學派別認為，空無中可以生出東西來，不過佛法則主張，空是一切法的本性，一切依循因果法則的現象之所以能顯現，正是因為其本性是空，依空而有故得以顯現。再者，由於空即本性，而本性是不能夠改變的，所以人只能發現它、覺悟它，而無法創造或改變它，但也因此這個空的本性，實際上也是最簡單的。我們用「空」這個字眼，是因為在普遍的認知裡，「虛空」不是空性，還是屬於物理的現象，以這個現象的顯現來比喻空性，比較容易為人所理解，就好比我們現在因為有這樣的虛空（空間），讓所有的因緣得以在其中顯現，因此我們可以在此打坐、跑香、經行、拜佛，這些「有」都是依著次序而運作，也就是依「空」而顯現，而不是說因為「空」，才生出了種種我們所從事的「有」。當然這只是一個比喻，所要傳達的則是一個更內在的訊息，即不論我們在此做了些什麼，實際上對「空」都沒有影響，正如我們之前談過的「空性」，空本身是沒有任何東西可以汙染它的，因為空就是清淨，空一定是清淨且不受汙染，至於種種顯現的「有」，都只是因緣生滅的現象罷了，而因緣生滅的現象之所以能夠顯現、運作，就是因為它的本性是空，這就是終極的真實。

以上是借用比喻，透過有相的思惟幫助大家了解空性，諸位了解的程度愈深，在現實生活中顯現出來的行為，就愈能符合空性的運作。這好比人對物理學的理解愈深，就愈能夠轉化各種物質與能量的運作。人類可以把巨大沉重的衛星送上太空，也可以把航空母艦放進海裡而不會沉沒，正是因為人深刻理解了物理特性後，將之轉化再運作的成果。因此，只要對物理學有更深入的理解，愈加趨近、把握終極的真實，人就能夠轉化能量，使之發揮更大的功能。

如今整個世界都在競爭，爭著要把握最先進的科學原理，如此就能發明出最先進的東西，產生最強大的功能；但如果人心壞了，被惡法蒙蔽、雜染，這樣的人掌握到的道理，所創造的發明，就可能變成一種武器。人類的歷史可說就是戰爭的歷史，從人類記錄歷史以來，沒有一天沒有戰爭，每天都在找事開戰，這就是人心的雜染所致；但人類又很聰明，可以在複雜紛呈的外在現象中，把握到內涵的原理，不過卻沒有悟到終極的空性，而正因為人心是雜染的，所以顯現出來的行為，就會有種種的惡行，我們修學佛法，就是要不斷地了解、把握整個宇宙運作的終極本性，不斷地通過方法去體驗、印證一切法。

其實佛陀在兩千多年前通過修行，所覺悟的終極真實，現在很多的物理學家與心理學家，也都設法在找尋，只是他們的研究，仍著重於物質的層面上，還沒有回到最內在、最本性的體會。我們學佛就是要不斷地去體會心性。如果你能完全地明白、體會，你的整個身心、整個生命，就會和本性融為一體。

其實，所謂的「融為一體」，表示還是有兩個東西，要將之融合為一。但究其實，心本性就是空的，只是顯現出來的各種現象，皆有其因果與事理，便產生了生命現象的種種運作。但不要忘了本性究竟還是空的，在事相運作的過程，如何運用心的功能覺悟原來本性是空，這是每一位學佛人最重要的功課。而所謂「融為一體」，其實是指心徹底體悟，並且完全融入一切法終極的真實，此時的心會全然依本性而運作。

本性是清淨的、空的，雖然在運作時，會有種種的現象顯現，但因為我們已經明白所有的「有」都是依「空」而立，所以一切法的運作當然也是依空而顯現。這就是為什麼覺者證得自性清淨後，必然是直心流露，而同時對於流露出來的各種外在現象，又必然是隨順的，因為當心證得了空性，體悟到一切法皆依空性而運作，他會非常清楚覺察到當下顯現的各種現象與其因緣，同時也會清楚知道這種種的現象皆是依本性在運作，所以他能夠完全隨順法則的運作，讓各種事相自然地流露、顯現，同時又不會在其顯現的當下，再產生後續的造作。

反觀我們在面對複雜紛呈的事相時，為什麼常常會有後續的造作呢？這是因為我們的心還沒有體悟到空性，面對一個個隨順理則而生的現象，我們因為看得不夠透徹，就把種種個人的想像、妄念與雜染加進去，加進這些東西的同時，等於又製造了新的因，於是又開始另一輪果由因生的運作，此生彼滅，此滅彼生，如此往復不已，便形成了綿延相續的因果生滅歷程。

如果我們看待事件，只著眼於單一的現象，就無法看清楚包含這個現象的整個因果生滅的運作。再者，只憑一個事相的顯現，就要據以做出判斷，這個判斷也往往是不準確的。好比我們只聽到別人講的一句話，他前面說了什麼沒聽到，之後他還要說什麼也不知道，就立刻做出了回應，這個回應很可能就是有問題的，如果是搞笑的回應還好，但也可能就這麼惹禍了。設若是聽了前面說了什麼，再聽到這句話，然後還聽了之後的說法，做出的回應很可能就不同了。所以，根據一個不完整的、單一的現象，做出一個不正確的判斷與抉擇，並且採取行動，這會造成很多問題，例如你聽到的那句話，可能聽起來覺得是在罵人，但如果你把那句話的前言與後語都聽了，或許你的感覺就會截然不同。

觀察平日生活，便會發現上述的狀況其實常常發生。如果能把整段話聽完，就會知道這當中有好話，也有不好的話，你可以順著好話回應，也可以順著不好的話回應，但你知道後者往往會製造更多的問題，並留下後遺症；而順著好話回應，雖然是比較正面，但你可能只是為了面子問題才如此回應，實際上你的心並沒有放下那些不好的話，你還是很在意、很罣礙那些話，一旦日後因緣成熟，這些罣礙還是可能顯現出來，製造新的問題。如果你能真正地了解這整個過程，同時知道它就是一個生滅的過程罷了，當你觀察這富有層次的生滅過程，並更深一層體會到它的緣生緣滅，你就會有一個究竟的體悟，知道這所有的現象，皆是因緣生、因緣滅的體現，至此，你就明白對方會這麼說話，一定有他的原因，你只要順著他的話即可，而既然要順著他的話，不妨順著好話，因為他說出不好的話有其理由，再者這些不好的話也是因緣生、因緣滅，既然如此，又何必對這些話生氣與執著呢？

綜上所述，生生滅滅是一個事相，緣生緣滅是這一事相的理則，而不生不滅是它的本性，對此體會得愈深，就愈能了解當下的生滅，是即生即滅，故能生滅滅已，寂滅為樂。

諸位在默照中，見到生生滅滅的現象，是否也能同時見到不生不滅、即生即滅呢？可以的話，就表示你能做到生滅滅已，既滅已，滅了就不再生，這就是寂滅。如此你的心，就不會隨著外境而轉，不會再製造問題，也不會再造作、造業，故不會再留下後有、愛取有等種種的「有」了。

不執著緣生緣滅，不再輪迴

佛陀覺悟後的的人生，和我們一樣每天照常生活與處理事務，開悟者的生活與常人並無二致，但他所顯現的行為，是真正地做到中道，也就是恰到好處、剛剛好。因此，開悟者的一切行為，沒有後遺症，不會再有「後有」，也不再有輪迴的作用，因為他體悟到一切的「有」與其生滅，皆是依空而立，本性都是不生不滅的。我們若是也有如此體會與覺悟，就能和佛陀一樣自在解脫；但我們的實際狀態，卻常常是在面對當下的問題時，一會兒想到過去，一會兒又想到未來，在這當中來回不停地循環，十分累人。開悟的人則不會如此，並非說開悟後就從此不用過生活，不會遇到問題，他們依然每天照樣做該做的事，他們是做真正應該的事，而我們則是常常做了很多不該做的事，這就麻煩了！有些事表面看來是我們應該做的，可是在做的過程中，又加進很多不該加進的東西，導致後續產生許多問題。比如聽到別人說一句話，你就罵了一句，結果這麼一罵，後續衍生的問題，就得一件、一件地處理，簡單的或許只要道歉了事，再嚴重些，可能會吃上官司。

這類的事時有所聞，之所以發生，往往因為事發當下，無法見到因緣的完整性所致。當然我們無法見到全部的因緣，但因為明白這個理，所以知道一切現象必然是緣生緣滅的因果顯現過程，同時清楚這個現象必有其發生的原因，所以我們在處理上該有適度的保留。更進一步，如果你能見到它不生不滅、依空而立的本性，你就能把它放下，因為所有的現象，都是即生即滅，也就是當下生，當下就滅了，既然如此，就不會再有任何的執著。現實的生活中，我們若是能體會到佛法所說的這個究竟真實，就能得自在解脫，這就是開悟。

修行就是通過對上述的理解，漸漸地把究竟真實，與整個身心和生命融會。先在思想觀念與精神層面上，對這個法有所理解，如此在面對很多事時，就能夠更理性地處理。當然這其中還存有我們本身的知見，通過持續地修行，最後我們會直接證到究竟的真實。這是一種智慧，是具有層次的。比如我們現階段所具有的智慧，當中就包含著辨別與判斷的能力。至於一個人的智慧究竟有多高，其實從他顯現出來的行為，即可透出端倪。譬如我們學佛，對於佛法的融會，消化、吸收了多少，我們都會如實地將其顯現。因為我們是通過直接的修行工夫，練習將身心安定，並且更深細地思惟法義，透過不斷地思惟，熏習我們的心，到最後完全地融入。在這個過程中會發現，當我們對佛法的體會愈深、智慧愈高，我們的行為就愈符合佛法所說的理，也更懂得如何順著因果法則來運作，同時對於因果觀念的了解，以及對因果的信心，也更加圓滿。

了解因果，接受業報

我們看到很多的現象，心中會有不平，就是因為還無法用上述的道理來體會這些現象。若是對因果的體會愈深，就愈能接受這些外在的現象，因為我們知道一切顯現出來的果，必由因而生，而這些因，很多是我們看不到的，一則是由於空間，人的視野受限，能夠看到的範圍不夠廣，再者是由於時間，過去和未來所發生的一些事件，隨著事件的發生，因果就已在醞釀了，而這些事件很多也是人看不到的。諸位在打坐中會發現，過去所造的業，特別容易在打坐中起現行，有的業是以各種妄念的形式現為果報，一打坐就有很多雜染的妄念，以各種的影像、事件，或是一些人物的顯現，干擾我們的修行，這些實際上都是我們的業報。

還有的業報會顯現在身體上。最明顯的就是平常沒有照顧好身體，一旦進到禪堂用功，所有的問題就顯現了。另外一種業力現前的狀況是，為了能夠到禪堂修行，早早就把所有的事都辦妥，但時間一到，人卻病倒了，這個病怎麼來的？當然很可能是生理出了毛病，但有時還真找不出生病的原因來。另一種常見的障礙是，快要參加禪修了，卻突然發生了一些事，障礙了你無法進禪堂來用功。

一旦有以上的情形發生，要以聖嚴師父的「四它」來對應：「面對它，接受它，處理它，放下它。」無論如何都要面對與接受這個事實。因為果由因生，這就是我們的業，它現在現為報，儘管我們看不到，也不知道它的因在哪裡，但還是要接受這個事實。能夠完全相信、接受，接下來才能用佛法來處理它。盡量不要用世俗的法來處理。處理了之後，不一定能解決，但不論結果如何，都要放下它。這就是聖嚴師父教導的修行方法。

一個人若是能做到「四它」，表示他相信因果，從另一個角度來說，對因果法則愈是相信，就愈能夠做到「四它」，尤其是最後一個階段的放下，這個層次最不容易，但若是見到了不生不滅的空性，就一定放得下。我們有時表面上說放下它，心裡卻仍是牽掛著它，如此一來，就會延伸出新的因緣，結出新的因果，產生新的業報了；若能真的放下，所謂生滅滅已，那才是真的滅了、沒有了。

諸位在修行的過程，對此必然也有些體會，有時的體會是淺淺的，有時則是很深刻的。以我自己為例，學佛的原因很簡單，開始是緣於民間的信仰，舉凡跟宗教有關的事，我都滿有興趣，並且有一種親切的感受。後來上了高中，我就主動參加學校佛學會的活動。當時佛學會有位老師的課很受歡迎，我聽得非常歡喜，他第一堂課就講因果，透過一個人做好事得到好果報的簡單故事，引發了我對佛教的興趣，於是我自己去找佛書來看，便這麼一頭栽進去了。

老師講的是十殿閻王的因果故事，通過闡明因果觀念的故事，壞人看後害怕下地獄，就不敢做壞事。傳統信仰的因果觀念，原本就已深植在我們的心中，雖然它會讓人心生畏懼與罣礙，但確實是有道理，佛法則對這個理做了條理分明的論述，所以我一聽就立即接受佛法的因果觀念，後來又慢慢地了解因果的法則與因果的本性，愈是了解，愈是覺得佛法真的是太好了，真的是找到了人生的真理！而我能做的不只是好好學習，還要把它教給更多的人——最好的方法就是出家。就這麼一個簡單的念頭，我就發心出家了。

相信因果的深度即智慧的程度

對因果道理體會的深度，反映出一個人智慧的程度。如果你完全相信因果，你的行為必然會完全符合因果法則的運作，那麼，你就是一個解脫的人了。所有發生在你身上的事，都可以完全接受，因為你知道它是因果，是你造的業所招感的果報，所以不可能逃避得了，就算逃得了一時，也逃不了一世；逃得了一世，也逃不了輪迴的生生世世。

至於完全相信因果，接受一切發生在你身上的事，這個態度並非是消極的，反而是能更進一步地去調整、處理它，好讓自己能夠從中解脫。若能對因果的道理，體會、相信得愈深，就愈能夠把一切事處理得宜。

我們智慧的程度，就看我們對因果相信的程度；而一個人顯現出來的行為，也能如實反映他對因果相信的程度。所謂開悟，是指完全相信、接受因果，所以修行人如何印證他是否開悟呢？就看他對因果的體會有多深。也因此，在修行的過程中，諸位先要有因果的觀念，接受果是從因而生，所有現象的顯現，必有它一定的理則，並且明白一切顯現的現象，本性都是空，建立起這樣的知見後，再透過實際的身心訓練，也就是修行的工夫，讓知見和實際的體會結合，至此即是完全的證悟。

建立因果知見的正確禪修

假如沒有基本的正見，卻整天說開悟，那悟的到底是什麼呢？悟必有其所依的原理，禪修必須先有正知正見，修行才不會沒有目標、沒有方向地窮修瞎練。雖然可以透過不斷地練習方法，經歷各種身心的變化，累積各種好與不好的體驗，但是對你身心的解脫，無法產生什麼作用。因為包含禪宗在內所有佛法的修行，一定是以正知正見做為開悟的依據，若是沒有建立因果知見就來禪修，這個禪修無非只是習得一個技巧罷了。這類現象現在還滿普遍的，包括西方一些禪修團體，也都有類似的情形。他們的禪修沒有依據的理，認為只要用方法，得到某種程度的身心體驗或境界，即是開悟，就能夠解決所有的問題；但反觀以佛法為依據的禪修，則很注重開悟的印證，並認為以佛法的理則與本性來用功修行，所獲致的開悟體驗，才能讓人真正解脫。

所謂真正的解脫，並非什麼問題都沒有，因為即便是開悟的覺者，他的生活實際上並未與現實生活脫節，也因此他個人雖然沒有問題，但他周邊的人、事、物若有問題，一旦牽涉在這個因緣當中，他就脫離不了這個問題。換言之，他本身沒有問題，能夠不把一些現象當作問題看待，但如果是別人有問題，或是共同遭遇的問題顯現了，開悟者就能以智慧來處理。處理的過程中，未必能把問題全部解決，因為如果只有他一個人沒問題，而周邊十個人都有問題，這當中若能有兩、三個人願意配合他，那麼問題至少能解決個兩、三分，也就是說，問題能解決到什麼程度，就處理到什麼程度，因為開悟者觀到的是整個因緣，也知道本性是空、不生不滅，所以他明白，問題能處理到什麼，就做到什麼程度，然後要放下它，這樣他本身就是沒有問題的。若是其他人還有問題，他可以協助處理，讓他們的問題減少，但如果還有人要繼續製造問題，由於他本身已經放下了，就不會受這個狀況干擾，這就是默（定）；而整個過程中，心是了了分明的，這就是照（慧）。不只對外在現象了了分明，同時還清楚事相的本性是空，如此就能把它們放下。

諸位來禪修都想要開悟，所以一定要知道，真正的開悟是怎麼一回事。不是打坐有了一些經驗就叫開悟，可是很多人卻以為如此。他們的修行雖然也有一些道理在，透過思惟這些理加上運用方法，得到一些了解與體驗，就以為自己開悟了，而後唯恐天下人不知，到處張揚，或是言行中有意無意表現得像個開悟者般，希望得到別人認同。其實《六祖壇經》說得很清楚，一個修行人想要開悟，期待獲得種種開悟的體驗，有這樣的念頭，就是處在迷的狀態，因為他還有分別；至於真正開悟的覺者，他體驗到了空，既然都空了，什麼都沒有，他就不會再執著什麼，不會想要讓人以為他有什麼特殊的體驗。其實所有的體驗都是有相的，如果把這些體驗當作悟境，那就真的是「誤」——誤解了。

因果正常，生活正常

諸位在禪修的時候，要清楚地了解所有依循的原理，所有建設的知見，以及所有身心用功獲得的體驗，這所有的過程，都只是過程而已，所有的經驗，都只是經驗而已，它們都是因緣生、因緣滅的。在真正見道、體悟不生不滅的空性之前，所經歷的一切，都是很正常的，待達到不生不滅的悟境時，你會發現所有的一切都是空，都沒有分別，如此，當你再回到現實的生活，由於你的心已對因果的整體運作非常清楚，所以你會順著在悟境中得到的體會來過生活，而不會有一些奇奇怪怪的行為與言論，因為你知道，因果是很正常的，無常亦然。一般人會有一大堆奇奇怪怪的言行，就是因為不正常。例如把某種現象看做是比較高的境界，而將其視作非常、超常，其實這是不正常的。各位看佛陀的生活，過得多麼正常呀！

禪修的終極目標，其實就是要體會、印證終極的真實。這個究竟真實的依據，佛法說得清清楚楚，我們用功就是要透過外在行為慢慢地了解，從內在的熏習、吸收，到達最後整體的融會，這整個過程裡，我們都順著正道而行，當對終極真實有了徹底的體會，就是開悟。修行達到這個階段，可以說是完成了終極的目標；但對整個生命、對人生而言，它並不是終點、不是結束，因為人並不會因為開悟就死亡，人還是活著的，他會帶著這樣的體悟，再回到現實，過正常的生活，但因為自身已從所有的問題與煩惱中解脫，所以爾後人生中的一切作為，就是為了幫助他人，此即所謂的「度眾生」。

一個人有沒有開悟，透過他的言行即可清楚得知。假如不斷地告訴或暗示別人他有什麼體驗，可是在現實中卻過著不大正常的生活，或是在人我之間，他還非常執著「我」，那麼這個人一定還沒開悟。當然這不是要你去衡量別人，因為衡量本身沒什麼意思，修行最重要的是自身，透過實際的用功，明白究竟真實到底是怎麼一回事，隨著工夫愈用愈好，對因果法則也會愈接受、相信，信得愈深，就會愈加貼近對空性的體悟。如此，你會發現，你的日常生活過得更自在了，在處理問題時，也能處理得更好，這是因為你知道不要再留下後有，不要造作後續輪迴的力量，同時你知道如何才是正確的用功，也能夠老實地一路走下去，並在過程中不斷地體會佛法。因此，看你對因果的法則與空性的體會，是否愈來愈深，也愈加地圓滿，這是修行時可用來自我檢測、印證的方法，只要循著這個方向與目標好好用功，你一定會完成終極的修行目標。

〈第九講〉

禪宗教法特色與開悟迷思

禪修者基本上都想開悟，雖然我們從禪的觀念，以及《金剛經》等經典的學習中，推而得知，「所說開悟者，即非開悟，是名開悟」，所以開悟本身似乎沒有那麼重要；但做為一名禪修者，如果不想開悟，好像也怪怪的，那麼該怎麼談開悟呢？

開悟並不神祕

開悟並不像一般人所以為的那般神祕、玄妙，令人充滿好奇與嚮往，當然更不是一直打坐，坐到最後就可以開悟了，然後天下從此大變，彷彿革命成功一般。我們看原始佛教的修行，佛陀說完了法，有些弟子就證法了，即所謂「證法眼淨，入流亡所」，從初果證到了四果，可是證法之後，他們並沒有大談開悟經驗，而是靜靜地修行，默默地開悟；反觀中國禪宗，一談到開悟，就彷彿是驚天動地的大事，特別是在中國禪風大盛時期，禪堂內時常可見逼拶棒喝等情形，我們會覺得那樣很有趣，也覺得這才有禪味，所以一旦自己進了禪堂，就以為要有人打啊、罵的，也要有人叫啊、喊的，或是問一堆奇奇怪怪的問題，非得玩這一類跑跑跳跳的遊戲，才覺得自己在參禪。

很多人以為聖嚴師父早期帶禪修的情形，也是如此，其實不然。至於我自己帶的禪修，偶爾也有類似這樣的情形，不過這些反應誇張的禪眾，往往是來得快去得也快，他們的反應雖火急，卻一會兒就過去，接下來就沒力了。還有的禪眾是很猛地用功，用到好像要爆發了，但是爆發後就洩氣了。儘管如此，還是有不少人認為，修中國禪就一定得用這樣的方法，以致於有些地方的禪七，還是可見禪堂裡的人喝喊叫罵成一團，帶的人罵，被帶的人罵，甚至連主持的人也在罵！

反觀聖嚴師父帶的禪修，單就行禪的部分，方法即揉合了南傳傳統禪法的慢步經行，與中國禪法的快步經行，並折衷產生第三種類似散步的經行。這三種不同的行禪方法，各有不同的效果，用得好的禪眾，就能從中獲得不同的體驗。中國禪堂慣稱的坐禪與行禪，因為是以香來計時，故又可稱為坐香與跑香，禪修期間通常是這兩種方法交替進行。同樣的方法，南傳佛教則稱為坐禪與經行，而不用「禪」這個字。

禪這個字是從中文而來，南傳系統的「禪那」是中譯的名相，專指四禪的境界，漢傳系統則把「禪」字用得很普遍，方法是禪、思想是禪、境界是禪，就連用方法後有了體驗，顯現出某些況味，也是禪。禪這個字眼，似乎被用得有些泛濫了，由於大家都在使用，變得什麼都能套用似的，比如現在流行喝茶，喝茶也有喝茶的茶禪，另外聞香就叫香禪，繪畫也有禪畫，書法就叫禪書，好像只要加個「禪」字，就不得了了，像從經濟艙升等到頭等艙般，藝術的等級也升等了。

再說南傳佛教的經行，他們是慢步的行，不過和漢傳的慢步有所不同，聖嚴師父教的慢步，比南傳的慢步還要慢，可以說南傳的慢步，是介於慢步和散步間的速度。走的時候，南傳的觀法著重在移動的腳步上，後期出現且更為流行的系統，則是注重禪定，認為打坐的人，若尚未入初禪以上的定，因為心不夠細，故不能做觀想。這個觀念基本上是對的，但南傳所謂初禪到四禪的禪那，並不似天台宗所講的禪定那般高深，因此只要打坐時見到了禪相，接下來就可以入禪。

南傳禪法的十六特勝

而我所學的南傳禪法，屬於早期比較注重觀、沒那麼重視定的系統，其觀法稱為「十六特勝」，也就是以觀腹部呼吸為初修，漸次依十六特勝次第用功。老師一開始教的方法，觀的不是鼻息，而是腹部的呼吸，因為腹部的動態較大，較容易觀；不過使用方法時，滿容易會控制呼吸，生理上就可能常會有氣動現象，為避免這類的問題，所以運作方法有特定程序。如果是很自然地觀腹部的呼吸，所觀的就會是腹部「脹、收、脹、收……」這一循環的過程，這和經行中腳的動態，即腳「提起、向前、放下……」，有其相近之處。

以十六特勝的幾個特勝教學為例，此階段主要是以鼻息為所緣境，老師會教禪眾如何觀呼吸的長短，假如是很自然地呼吸、自然地觀，在呼吸長短變化的過程中，就含攝了修行的境界和體驗。換句話說，我們是在毫不刻意的狀態下，觀自然的呼吸長短，我們會注意到呼吸有短、有長，但這並不是故意控制。

包含十六特勝在內等較偏向傳統的觀法，都是依循四念處的次第修行，從初修的觀息，逐漸趣向觀心無常、觀法無我，把整個十六特勝都修完了，就會進入初果向，表示接下來就要往初果的方向修行，並證得初果。整個次第大抵是如此。

不過，如前所述，這個系統普及於早期，後來另一較重視禪定的系統出現，便將它取而代之，成為主流的修行方式，臺灣的南傳佛教團體，多數是請後期這一系統的老師來傳法。雖然這兩個系統，在觀法與禪定上各有所重，但並不是說，重視觀法的，修行就全部放在修觀上，重視禪定的，就全部放在修止上。至於南傳佛教的傳統禪林，目前以緬甸保存最多，因為它有一段時間對外非常封閉，而相對地，對外採開放政策的泰國，以及早期被英國殖民的錫蘭（斯里蘭卡），當地佛教就遭遇了摧毀與壓制，不過也正因為錫蘭經歷了那段殖民歲月，才得以將佛教傳往西方。一八六六年到一八七三年間，錫蘭比丘瞿那難陀（Mahotti Vatte Gunananda）與基督教舉行公開辯論，論兩教的優劣，瞿那難陀以雄辯的言詞，徹底擊敗了基督教，爾後他的辯論講詞，便被譯成英文，廣泛流通於英國在內等歐美各地。

可想而知，辯論的結果自然是佛教優於基督教，因為佛教的經典實在太豐富了！佛教有如此豐富可供援引的資料，經過此番的辯論，終於讓西方人見識到東方的智慧，於是立刻有一批英國人來到錫蘭研究佛教，這當中包括不少的知識分子，他們除了學習佛教，也挺身捍衛錫蘭佛教，並且把《大藏經》帶到了英國，這是西方世界的第一套《大藏經》。此外，英國學者戴維斯（Thomas William Rhys Davids）於一八八一年，在倫敦成立了巴利聖典協會（Pali Text Society，簡稱PTS），專事南傳藏經的翻譯。透過這些人的努力，原本遭到打壓的佛教，不僅於錫蘭復興，更成為了佛教西傳的濫觴。

再說到方才所述的南傳佛教兩大系統，其實也是眾系統中較具代表性的兩個。有的人學了後期系統，發現南傳佛教特重禪定，就覺得中國佛教對禪定的重視程度，根本無法與之相較；但若從另一個角度，從早期系統來看，就會發現這個系統幾乎是不講定的，在他們十六特勝的觀法層次裡，十六特勝之後就是四果，而沒有講到禪定，因為這個系統是以「觀」為主，也就是十六特勝觀與四念處觀。這就是我們先前所說的，不同系統在「觀法」與「禪定」上各有所重，故不可以偏概全。

慢步經行觀生滅

南傳佛教早期系統的觀法，觀什麼呢？觀腳，也就是慢步經行。更深一層觀，就是觀生滅：腳提起來，放到前面，放下——這是一個生滅。再觀得更細，腳一提起就是生，腳一放下就是滅，此時生起的是向前；腳向前要放下了，此時向前滅，放下生起。從中可以觀到好幾個的生滅。當時用這個方法覺得很有趣，而事實上這個方法也真的很有效。當時提倡這個方法的禪師，也是緬甸的國師，他開創出這個禪法，是改良自傳統十六特勝的觀鼻息，由於觀出入息的長短比較不容易，他便把觀的所緣改成了腳，而這樣的善巧，也使得方法很快地普及。

方法中所謂的觀生滅，其實就是觀無常，直接從無常切入。剛開始時，還觀不到生滅，只能觀到腳掌的提、放——這是事相。漸漸地，從事相中觀到理，這時就能觀到生滅，更進一步就能觀到無常。我當時跟著太平佛教會邀請的老師學習南傳佛教禪法，學了大約兩年的時間，每天都有用功，以致於後來遇到聖嚴師父，我便已有了些基礎，所以師父教的方法很快就能接上，這都要拜這位老師的教授與方法的善巧之賜。

以上所談的是南傳的慢步方法，至於我們漢傳佛教，用的方法則是快步跑。快步中有一種方法叫「催香」，就是一直催你快，跑得愈快愈好，像一批野馬似地跑。這是我們中國禪堂特有的方法，一則可以做為運動，再者如果跑得很快，則可進入一種「失心入定」的狀態，在快速經行時，心和身會統一，而此時只有身在動，心已統一於身的動作中，故以此形容。這好比打坐打得很好，心很收攝，此時就會失去妄想的心，進入定的狀態，所以也有很多人跑著跑著就跑到身心統一了。

爆炸性的方法

除了快步跑外，中國禪堂還有不少的方法，聖嚴師父就把它們都揉合起來。至於在用的過程，很多人喜歡爆炸性的方法，像是催香時，就要一直喊啊叫的，還要打香板。以前禪眾在跑的時候，我會打香板，師父也會打。

其實，這樣的過程顯現的現象，很多都是外在的。其一是生理的現象，如果你愈跑愈快，跑到後來繃得很緊，最後就會爆發，也就發洩了；另一種是心理的現象，很多現代人都長期壓抑，由於生活壓力大，加上個性壓抑，很多事就往內一直積壓，而禪修的方法好比開了一個口，讓人可以跑啊、喊啊、或叫、或罵，透過這個開口，讓人得以發洩。發洩過後，當然會很放鬆、舒服，畢竟長期的壓抑，讓人不敢喊、不敢哭，而禪修成了一個很棒的藉口。以往不敢在別人面前表現出來的，趁著現在整間禪堂像個瘋人院一樣，你也就跟著放開了。

其實上述這些都是表相，但也有人在過程中出了問題，最後無法收拾，還有人是以為自己開悟了。而有的老師為了隨順禪眾的喜好，動輒就給什麼明證、暗證，讓禪眾以為自己開悟了，開悟的人就歡喜開悟去了，尚未開悟的人就等待下回再來印證。如此看來，彷彿人人都以開悟為目標在努力用功，但事實上所謂開悟的人，往往只是發洩了一頓罷了，當他靜下來後，便覺得剛剛經驗的並沒有什麼特別，然後又掉回他先前的慣性裡，繼續地壓抑，待下回又找到一個缺口，再發洩一頓，如此周而復始，重複著這個過程。期間他會找老師不斷地為他做印證，悟了又悟，小悟幾次、大悟幾回，如此師徒各得其所，學生開心，老師也開心，因為這個老師可厲害了，想想大慧宗杲禪師一晚讓多少人開悟，而這老師一晚也是讓滿堂的人都開悟了，以後禪宗歷史記上一筆，可就名留青史了！真是如此嗎？恐怕這所謂的「悟」，不是誤解的「誤」，就是大霧迷茫的「霧」。

類似這樣的狀況，其實在禪法西傳後，特別被西方人喜歡，因為他們就是想要透過禪修，去尋求、追逐開悟，動不動就要開悟。

禪修的平原期

其實，在打坐的過程中，會有一段稱之為「平原期」的時期，諸位試想平原上的水，它的流動你看得到嗎？很難，因為流得很慢。雖然慢，但它畢竟還是在流動，否則它要如何從平原的此端流到大海的彼端呢？由此可知，平原期的修行，就好比這流動得很慢、慢得幾乎像是靜止的水一般，所以你們就會開始覺得無趣，也因此有的法師說他不要打禪二十一或四十九，因為他不想坐那麼久，但我發現很多人甚至是打一個七或兩個七，就快活不下去了！如果是參加話頭禪還好些，因為過程中可能會發生一些有趣的事，若是打斷了幾根香板更好，這樣解七回去後就有事可以說；至於默照，那就沒辦法了，默照到最後，只有默沒有照，因為全部都睡著，愈坐愈沒力了。

會有上述這些情形，都是緣於我們的心態。很多人來禪修，還是在追逐一個「悟」，一方面對其嚮往、好奇，再則以為通往開悟的過程，一定是很好玩的，可偏偏我們的課程沒有這些安排，再加上我們的飲食是出了名的淡而無味，所以來一次就覺得沒有味道；但反過來說，如果不是抱著對開悟的期待而來，就不會有種味如嚼蠟的感受，因為我們在禪堂裡，就是一直地用功，修行本就是如此而已。

有一則描述開悟的寓言很有趣，話說有一頭驢子，牠的前面有條蘿蔔，驢子為了吃到蘿蔔就一直開心地走呀走，卻怎麼都吃不到。蘿蔔是開悟的幌子，驢子則是方法，因此我們要做騎驢的人，明白所有修行的方法都是技巧、方便，而這些技巧方便的作用，是要將我們載到目的地去。從鄉下進城，若不靠驢代步，自己走可是很辛苦的，但是驢子也未必受指揮，因此我們要用方法來指揮牠，驢子見了蘿蔔，自然就會乖乖地走了。

諸位現在知道方法的作用和功能，就不要把自己當成驢子，追逐那個可望而不可及的蘿蔔。我們要不斷應用技巧、不斷用方法，直到了目的地後，方法就可以放下，然後把驢子綁好，把蘿蔔收起來，去辦事情。開悟後並非無所事事，還是要辦事的，到目的地就是要辦事，不然何必進城呢？了解這點，我們在用功時，就要明白，所有的方法都是過渡的，只是暫時借用而已，這就是所謂「法尚應捨」。

修行還是要開悟的。我們要達到這個目的，但不要去追逐它，變成驢子追蘿蔔那樣，那可就既辛苦又麻煩了。也不要對開悟有太多想像，以為開悟後會如何不同，開悟了沒什麼！虛雲老和尚開悟後，寫了兩首偈頌，然後從六十歲到一百二十歲，他就只做一件事：建道場。他所處的清末民初，很多道場都毀了，禪宗衰微，所以他就一個、一個地建道場，他到城裡辦了那麼多的事，以致於後來他所到之處的城主，都要來見他，因為他們知道，這是一個真正辦大事的人。

由此可知，用功禪修達到開悟，是我們要完成的目的，但不要去想像、追逐它，也不要在用方法的過程中，變成了驢子，或是變成陪驢子一起跑的主人。諸位中有沒有陪著驢子跑的人呢？有一個小朋友，放學的路上眼看著要搭的公車跑走了，他就跟在公車後頭一直跑，跑著跑著，就跑回了家。他開心地跟爸爸說：「爸爸我今天替你省了錢！」爸爸問：「怎麼省的？」小朋友說：「因為我跟著公車跑。」爸爸一聽就罵他：「你好笨啊！下回你跟計程車跑，可以省多點，跟高鐵跑，還能省更多！」其實很多人都在做這個小朋友做的事，也就是說，用功用到後來都被方法綁死了，只追求省車錢，一路追著跑回了家。其實真正懂得善巧用方法的人，就不會如此，因為他一方面知道方法如何用得善巧，另一方面也懂得在適當的時機，放下方法。

禪師的善巧和風格

禪宗有棒喝一類比較強烈的方法，其實這些都是禪師個性的顯現，而這也多少是受到中國本有的文化影響，尤其是老莊崇尚自然的思想。所以禪法沒有入深定，也就沒有把習性磨除，如此，當禪師開悟後，就可以轉化他的習性，成為度生的方便與自己的風格，發展下來，就形成了諸如臨濟喝、德山棒等方法。看到禪師們動手動腳、喊來喊去，像這樣特殊的方法，僅見於禪宗，它不僅與傳統的印度佛教和南傳禪法迥然不同，在宗門林立的漢傳佛教系統裡，亦獨樹一格。

不過，這些比較強烈的方便和善巧，即使在當時，也是個別的特例，而非在禪堂中普遍的實施。禪堂裡的運作，主要是看帶領的禪師本身的手法。明末戒顯禪師所寫的《禪門鍛鍊說》，聖嚴師父將其收錄在《禪門修證指要》裡，認為對他教禪的技巧有很大的幫助。《禪門鍛鍊說》就和《孫子兵法》一樣，《孫子兵法》是訓練軍隊用的，《禪門鍛鍊說》則是鍛鍊禪門用的，兩者都是十三篇，內容所述的一些方法，的確比較猛烈，若用得當，即是善巧，若用不當，就會變得很奇怪，至於得當與否，關鍵就在於帶領的禪師，但是被帶領的禪眾也很重要。

當時師父在用《禪門鍛鍊說》的方法時，並不是每一次都照著書上所寫，而是看禪眾的反應，如果禪眾的反應凝聚了，可以丟話頭了，師父才會丟；有時候一丟，發現大家都沒有反應，也就算了，再回來先前的方法上；還有時用罵的，被罵的人沒反應，師父就會靜下來，不再罵他，對於有反應的人，師父才會再進一步將一層一層的方法用進去。所以每一天、每一回的狀況都不同，這就是師父的善巧。

假如帶領的禪師，每回都要把《禪門鍛鍊說》全盤搬進禪堂，每一次跑香，一定要罵、要喊、要打，要把所有的方法都用上，那就叫依樣畫葫蘆，畫出來的一定都不像，因為這不是禪師本身的體驗，也不是他對於種種善巧的把握。其實如果禪眾沒有反應，即表示這個方法暫時用不上，就應該先放下。以前我看過有人帶領禪眾，跑香時一直大喊：「快！快！快！」他喊到喉嚨都啞了，但禪眾還是依然故我，跑他自個兒的，一點反應也沒有。其實這時就不需要這麼喊，既然禪眾沒有反應，就不必那麼辛苦，等有了反應再喊才是。

早期師父帶領禪修，我們看他的感應力很強，只要一進禪堂，對大家的狀態就差不多了然於胸。而且師父用方法是沒有預設的，沒有說什麼時間要用什麼方法。我們現在比較規律，什麼時間打坐，什麼時間跑香，大家都滿清楚的，當時師父則不然，他會和禪眾們一起打坐，坐到引磬「鏘」地一響，就叫大家起來跑香，跑完了之後，再繼續打坐。坐著坐著，引磬一響，又把大家叫起來拜佛，我們就拜。我們都不知道師父要做什麼，更遑論預先知道今天會坐幾支香，拜幾次佛了。

這就是禪師的善巧。這樣的善巧，也顯現了禪師的風格。可想而知，在禪風興盛的年代，大抵也是如此，聽說哪個禪師很高明，就要趕緊來親近他，向他學習，透過這樣的過程，禪眾與禪師間的關係，自然就會愈來愈相應，也愈來愈親近。

真正開悟的過程，其實非常簡單。因此，不需要有那麼多的想像、假設和追求，愈簡單愈好。用功時，不用想太多，我們只要拿著蘿蔔騎驢就好，驢子會自動前進。換句話說，只要你有一個目標、一個方向，你就是在用方法，無論驢子帶你走過的沿路風景多優美，也無論別人在吵吵嚷嚷些什麼，你只管繼續前進。記得不要停止前進，因為一停下來，說不定驢子就把蘿蔔給吃了。你要清楚目的地是在城裡，而不是這裡，也不是蘿蔔，所以要一步一步地用功、前進。清楚我們的方向和目標後，就是只管用方法，其他的都不要想太多。如此簡化心思，我們的追逐就會減少，也就會明白，蘿蔔只要一個就好，那頭驢一定會把你帶到目的地，禪修就是這麼簡單。

〈第十講〉

禪修悟道的歷程

昨天談了有關開悟的一些狀況和問題，同學聽了可能會覺得開悟好像不是很重要，所以開悟與否似乎沒什麼差別；但另一方面也了解，禪修終究是要開悟的，所以開悟還是重要的。

探討開悟的一些狀況和問題，是為適當導正禪修者對於開悟觀念的偏差，這也是一種「誤」，錯誤的誤。諸位一定要先釐清自己對於開悟的觀念，究竟是「悟」還是「誤」？其實同學們對於開悟的觀念，大抵說來並非是錯誤的，但學習過程中，多多少少可能有些偏差，或是有所執，或是不夠完整。還有另一種情況是，有時我們會把開悟的境界過度地誇張，好像一個人只要禪修開悟了，所有壞事都不會發生在他身上，如果去做生意，就會生意興隆賺大錢，好像他做任何事都會成功！也因此，大家對開悟無比地嚮往，都想要開悟。其實觀察現實周遭，就會發現，不論是做生意也好，過生活也罷，老老實實的人，都會活得比較快樂；反之，那些整天想要一搏運氣的人，即使讓他們真的搏到了，往往卻是活得更痛苦，因為隨之而來的是更多的問題。

莫追逐開悟

很多人都把開悟當成一個有相的東西在追逐，所以整個修行過程，都修得很辛苦，開悟也開得很辛苦。諸位看那些動不動就要找老師印證的人，他們都覺得自己開悟了，假如老師不印證他，他就起煩惱，甚至認為是因為老師沒開悟，才會連他已經開悟了都不知道。

除了這種整天找老師為他印證的人之外，還有一種禪修者會到處去踢館。踢館是跑進別人的武館裡，想把別人打倒，這種禪修者則是參加很多禪修課程，看看每個老師教些什麼，好把這些老師打倒。很多這類佛學課程的老師，雖然理論的書讀很多，但未必有禪修體驗，更遑論開悟，於是這類愛踢館的禪修者，就到處去聽這些弘法講座，去當裁判、當老師，看哪個老師講得好，哪個講得不好，然後幫每個人排名，這個是第一名，那個是第二名……，這就是慢心。如果禪修有了偏差，就很容易出現這種情形，想到處去勘察別人，看別人有沒有修行。

一旦人的心態有偏差，就會出現各種各樣奇怪的行為，而認為那些很正常健康的行為，反而是沒有境界。其實開悟後，應該是很正常的，如果還有一些奇怪的行為，那就是有問題。有的人則是不管有沒有開悟，就是要有一些奇奇怪怪的行為。有句俗語說：「和尚不作怪，信徒不來拜。」類似這樣的觀念、作法，其實都有問題。因此之故，我們學佛修行，雖然有一些規矩、戒律與修行必須遵守、實踐，但這其實才是對的、正常的；假如不學佛，沒有規矩、沒有戒律、沒有修行，即使表面上看起來很自在，但實則非常危險，一不小心就會出問題。再者，修行時，若是對整體的修行與要完成的目標沒有正確且完整的了解，或是吸收了一些不正確的資訊，也很容易產生偏差的觀念與行為。所以，修行要清楚自己正在朝往什麼目標，同時也要了解開悟並非如那些偏差思想所呈現的，其實開悟甚至可以簡單到一念覺、一念佛，只要當下一念是覺悟的念，當下即是開悟，即是佛。

悟是清淨自性的流露

人的心念一直在流動，雖然雜染很多，但本性是清淨的，當自性清淨的作用顯現時，或是通過各種清淨的方法，幫助我們發揮本性的作用，而流露出種種淨化的行為，這時就有一種悟的體驗。換言之，行善法，或是起了清淨的念，就是與悟相應。

雖然修行就是要開悟，但更重要的是修行的過程。假如過程中沒有悟的因緣，會有悟的果報出現嗎？悟的因緣，不是忽然出現的，就好比我們要品嘗某一種果實，這個果實就必須從種子的因緣開始，再加上其他的助緣，才能夠結果。有人說雖然我自己沒有種水果，但我還是買得到。他用什麼買呢？用錢。錢怎麼來的呢？得自己賺。所以他還是要有因緣，才能夠用錢買到水果。如果有人問：「水果哪來的？」他答道：「水果店買的。」這回答好似我們小時候不懂事一樣，大人問米從哪來的，我們就回答：「從米缸來的！」這回答有錯嗎？沒有，但只見其果不見其因。如〈憫農詩〉說：「誰知盤中飧，粒粒皆辛苦。」特別強調過程，是在於一定得有因，才能結成果。又好比種植果樹，整個開花結果的過程，期間必須灌溉、施肥，通過許多的程序。我不是種水果的，不懂具體的程序，但種水果的人都知道，不同的水果有不同的培育方式，以及不同的熟成季節，從種子到果苗、果樹，到開花結果，都有一定的生長期，每一段過程都要有促成它結果的因緣，最終才會結果。

不過，現在有很多的水果，吃了並不健康，因為種植過程裡添加太多加工的東西。如果是很自然地長成，這樣的水果當然是健康的，但現代人什麼都要求效率，產生急功近利的心態，做事都要快速見效，所以針對外在的物質，想通過對物理學的了解去改變它，於是就出現了類似基改食品這樣的東西。基因改造確實產生了一些成效，但也出現很多後遺症，因為它違反大自然的正常程序。漸漸地人們發現這樣是不行的，所以現在又流行有機種植，就是要讓植物回歸到最自然的成長。如果種植的土地曾經被農藥嚴重汙染，這片地就不能使用，必須重新養過，讓它恢復原本自然的狀態，或者再去尋覓一塊自然的、沒有汙染的土地來調整、種植。

修行也是如此。學佛的過程裡，若是有太多雜染的東西，在這個基礎上是種不出自然的成果。因此清理、改造，可說是修行的基本。例如有的學佛人原本是在附佛外道或邪教修行，後來發現不對了，才進到佛門。這就好像終於要種有機食物了，但這塊土地已經被汙染了，怎麼辦呢？要先清理土地，重新養過才行。修行要先把種種不好的行為，或是從前所學而現在成為障礙的觀念方法先行清理過，才能回復到正常的修學過程，而後在每一個過程裡，都要具備讓果成熟的因緣，並且是健康、自然地成熟，所以每一個階段的過程都是很重要的。

為了最後能結成真正健康美好的果實，整個過程都要按照程序，不能偏差，不能急功近利，當然更不能放添加物進去。所有種菜、種水果與種茶的人都知道這個道理，而我們往往只是坐享其成，對於每個過程的辛苦都渾然不知，以致於我們在禪修時，常常添加很多東西進去，這都是急功近利，或是觀念偏差所致。農夫們知道這樣的心態種出的東西往往有問題，甚至是不能吃的。幾年前新聞報導，有個地方產的茶因為銷路太好，吸引許多茶農投入栽種，又因為想要快速收成，就催生這些茶，令其加速生長，結果種出來的茶，農藥超標好多倍，大家看到新聞後就沒人敢喝，這個地方的茶立刻全面崩盤。原本茶是健康飲品，但若是喝進過量的農藥，反而傷身，那就得不償失了。這個道理，套用到佛法的修行上亦然。

我們常說禪修開悟是快樂，但不是狂喜。真正的開悟，是究竟的，亦即不再有煩惱。雖然並非完全沒有妄念，但心是清清楚楚的，不受干擾，即是定慧一體。這就是究竟的樂。

打坐時，得到輕安入禪定的現法樂，當下會感覺到一種喜悅。從初禪的「離生喜樂」、二禪「定生喜樂」，到了三禪「離喜妙樂」，此禪定是最樂的，因為喜是比較內在、深細的，樂是比較外在且粗的，屬生理的樂，當生理的樂與心理的樂融為一體，即是所謂的「樂遍全身」了。到了四禪的「捨念清淨」，則是將所有的樂俱捨。

得到究竟的樂

對於想要開悟的禪修者來說，進入四禪是最好的佛法修行，但它是很深的一種定，很不容易入這麼深的定，過程中又有那麼多的樂，尤其在三禪時，因為太舒服了，樂到什麼都不想做，這時的心就很容易沉下去，這一沉就沉到了底，沉到無想定去了，於是就無記，沒有任何作用與功能，就一直住在這種境界裡。這些過程中的樂，都是現法的樂，至於究竟的樂，則已沒有所謂感受上與心理上的樂或喜悅，只有一種很平穩、安定的覺受，不管發生什麼事，心都平穩無波。這是一種很內在的覺受，這種覺受無法形容，只能假托「樂」字來形容。涅槃四德的「常樂我淨」，「我」就是自在的意思，真正的開悟，就能得到這種究竟的樂。

修行好比結果的過程，當果實結成了，它是甜的；但只有甜味的果實，並不是最好吃的，最好吃的果實，是要帶點酸味。各位吃水果，應該喜歡的是那種酸中帶甜，甜中帶酸、甚至帶點苦的。馬來西亞人愛吃榴槤，懂得吃的人就知道，吃榴槤不是要吃甜的，而是要吃帶點苦的，它才會回甘。這道理和喝茶一樣，茶為什麼好喝？因為茶是苦盡甘來。由此可知，中國人的生活，乃至生命的哲學，真的是很高明，我們不認為甜的東西是最好的，所以我們喝茶，不加糖也不加奶，不像西方人，喝個茶：「哎呀！好苦啊！」再加一點糖，覺得還是有點澀，又趕快加些奶，調味調到最後，那還是茶嗎？不如喝糖、喝奶就好，何必喝茶呢？茶就是要喝它的原味。喝咖啡亦然，真懂喝咖啡的人，也是不加糖、不加奶的。

所以，樂不是什麼都是甜的，它也有苦味，還有其他的味道，有很豐富的滋味，這才是真正的樂。但我們要得道，要證得究竟的樂，在整個過程中，一定都和樂有關。設想如果整個過程都是苦的，苦到最後突然苦極生樂——哪有這種事！所以樂一定是在整個過程裡，從一般的樂，到禪修現法的樂，到智慧不斷顯現之時產生的樂，到究竟的樂，它是一連串樂的過程，而不是苦、苦、苦，苦到後來變樂了。不是這樣的。

修行過程不斷地放下

同樣地，修行不是一直追逐，追到最後才全部放下，而是在修行的過程中，一層、一層地放下。當然也有些人得到所有的東西後，一下子全部放下，那是什麼時候呢？死的時候。人死時，即使生前累積了多少東西，賺了多少個億，在那一剎那都必須全部放下。因此，死時所謂的放下，是真的放下嗎？不是。生前不斷累積的都是妄念、煩惱，而在死亡的瞬間全部放下，這就是究竟涅槃嗎？不是。這不是涅槃，是時間到了沒辦法。所以也不是真放下，而是福報用完了，在世間的福壽用盡，人就非走不可，再多的福報都帶不走。雖然表面上看來，似乎是都放下了，但究其實，那時候不放下也不行；可是那種放下，也不是真正的放下。同理可知，修行不會是你一路修得很辛苦，讓你在苦中期待著終會有那麼一瞬間，所有的辛苦全部自動消失了。真能夠放下的人，一定是在修行的過程中，一路地慢慢放下。

修行是一朝往究竟的過程，它的方向必然如此，而不會是在過程中累積了很多煩惱，修行修到很苦，出現很多奇奇怪怪的行為，而最後還證到了果位——沒有這種違背因果的事。修行必然是如是因、如是緣、如是果，若是在過程中都不如是，怎麼可能會有「如是」的果呢？

所以說，開悟很重要，而每一個階段都有其體悟。我們修行是從比較淺的快樂，體驗到更深的快樂，因此，修行應該是一條很快樂的道路；可是為什麼大家在修行時，都修得很苦惱呢？每回的禪修，我看監香到後來都不太想巡香，因為看到大家都修得悶悶的，每張臉都拉得直直的，一點快樂的感覺都沒有，好像大部分的人打坐，都不是很歡喜。其實，能夠打坐，就應該感到很歡喜了，而不是等到輕安境來了才歡喜，若是得等到輕安境來了才歡喜，這個喜就捨不掉了。既然整個過程都是歡喜的，所以不管任何境界現前，我們都歡喜，也都能將其捨放，並且捨放後還是喜、還是樂。

修行是一個不斷在如是因、如是緣、如是果的過程中，通往究竟快樂的過程，並且是一路都快樂。很多人都誤以為禪宗只講開悟，事實上，禪宗不只講開悟，更重視的是修行的過程。

因此，禪修不是只在禪堂裡用功，而是在日常生活中，這也正是中國禪的特色。止靜修行是禪修的核心，如何將所用的工夫融入生活中，這是修行的重點。也因此，《六祖壇經》的「自性清淨」、「定慧一體」觀念非常重要，不只在打坐時如此，在日常生活中亦然。就心本然性的作用而言，定慧本是一體的，即「定為慧之體，慧為定之用」，在現實生活中，定慧依然是沒有分開地在運作著，所以說搬柴運水都是禪，因為搬柴運水，就是慧的作用，而慧的作用之所以能發揮，乃因為定慧一體。在現實生活中，每個過程都是在用功修行，都是在練習定慧一體的運作，如此，在達致開悟之時，定慧方能很完整、自然地顯現。

雖然諸位都知道定慧是心本然性的功能，但因被許多雜染覆蓋，所以無法完整、自然且一體地顯現，常常是有默沒有照、有照沒有默，或是混在一起分不清的狀態。各位可以觀察自己，我們平時都有覺知，可是往往一覺知的時候，心就亂了，而當心不亂時，覺知的功能往往又不見了，所以說這兩個作用常常是混在一起，分不清楚的；但究其實，心本然性的功能，本來應該是很清楚的。為了說明這個本然性作用，所以我們用「定」與「慧」的字眼，說明其一體的運作。所有的修行，所用的方法與所緣的境，目的都在於幫助我們讓心本然性的功能，由內而外地發揮出來。換言之，修行是藉由外在的方法逐漸往內，讓內在本然性的功能，能夠不斷地更好、更自然且完整地顯現，到了定慧一體運作之時，即是本性清淨。這就是修行落實於現實生活的運作模式。運作得愈熟悉，就能用得愈自然，自然到沒有任何方法，也就是定慧融然為一體，此時整個生命顯現的，就是本然性的功能，即直心流露，無須再添加任何的東西。

我們現在還得再加一些東西，是因為還在修行的過程中。就像果樹成長結果，每年到了固定時節，就會自然結出果實，雖然如此，它還是需要修剪、照顧，一如開悟後還是需要繼續修行。所以聖嚴師父在教話頭時，都會提醒大家，參話頭破參了之後，還是要繼續修行，就像果樹需要修葉子、修枝幹一樣，如此明年季節到了，樹上自然又會結出果實。觀察果樹、茶樹的種植，都是循著這樣的過程，先要好好地照顧，待其成長到一定程度，它的運作就會變得很自然，並能自然地結出漂亮的果實。修行亦然。所以禪修採密集課程，以止靜修行為核心，是為了幫助大家更收攝，同時也用以對治平時的雜染、雜亂，待工夫用得更得力，回到現實生活後，就繼續保持工夫，保持在打坐時體驗到的喜悅之樂。要知道這種樂，在生活的每個層面都有，不管你做什麼事，它都在那裡，都是定慧一體地運作著；假如你在現實生活裡終日苦惱，你來這裡打坐就會開悟嗎？不會的。很多人都有這樣的心態，想靠打坐來開悟，這其實是過度誇大了打坐與開悟的境界。抱持這種心態的人，勢必得用急功近利的方式，追求快速見效，這就好比不好好照顧果樹，卻想要更快得到果實，於是用了很多添加物，如此作法最後得到的結果是：果樹長大了，但它不開花、不結果，因為它已經被整死了。

諸位進禪堂，要正常、循序地用方法，而非拚了命地用功。開悟雖然很重要，但它只是我們要完成的一個目標而已，即使完成了這個目標，也不表示什麼都不用做了——沒有那種從此過著幸福快樂的日子，那種日子只存在於虛構的童話裡。我們不是生活在童話裡，所以要回歸現實，檢視我們所有的禪修工夫，其效果是否都能在現實生活中很好地發揮與應用，如果能用得很好、很自然，表示工夫上路了，這時開悟與否，其實就不太重要，因為開悟無非是為了讓我們體驗無常、無我與空，體悟了之後，還是要回到現實生活，而不是開悟了後，人就空了，就飄到天空，無我、不見了，沒有這樣的事。

因此，修行的整個過程都很重要。過程中若無喜樂的體會，這樣的人會開悟嗎？不會的。也許他會說只要我開悟，所有的問題就都解決了。這可能嗎？其實很多時候，不用等到開悟，我們的問題就能獲得解決，因為整個修行，就是在將這些煩惱與問題，一層、一層地清理，差別只在於開悟後，運作會更熟練，也更自然。我們一定要把握這個觀念，知道禪修是要開悟的，但開悟不是我們想像的那種玄妙、神祕，乃至於不可說甚至炫目非常的境界與體驗，它實是一內在的、究竟的喜樂。而我們在整個修行過程中，必然是與這種喜樂相應，當放下了愈來愈多的雜染，就會覺得自己愈來愈輕鬆。當心裡愈來愈沒有負擔，心量就愈來愈寬廣，因為你的空間變大了。

禪的工夫要落實於生活

中國禪法的修行，就是為了將工夫運用於日常生活中，而非只是在打坐時用方法而已。當工夫能落實於生活中，就能夠完全呈現出禪的自在境界。我們常說禪是「常樂我淨」，這種涅槃的功德，以及在禪修過程中所體驗到的樂，不是上上下下起伏的情緒，而是恆常、究竟、自在清淨的樂。所以，「常樂我淨」是在修行中，感受到情緒很穩定，而非起起伏伏，一遇到事情就狂喜、狂樂。當然樂的感受可以表現出來，但不會讓人覺得情緒波動起伏劇烈，上上下下非常明顯，而是很穩定、很內在的喜樂，總是保持著柔和、柔軟的態度，並將這樣一個清淨自在的心，在生活中很自然地顯現。同時，也不用刻意從事什麼行為，只需要清楚並順著當下的因緣。因為當智慧顯現，發揮其功能，它的判斷會非常準確，我們只要順其自然流露即可。

我們現在的修行條件和程度，雖然還不究竟，但修行過程中得到的受用與工夫，都可以在生活中顯現。因為即便是出家眾，還是要為了弘法利生，而忙碌於各種事務。弘法利生有不同層次，有些是要走到台前演講，有些是在中間做窗口，還有些是在內部從事其他作業。

其實所有的工作都是一個整體，都是為了接引眾生，為了把我們學習到的佛法的好與禪修的樂，與他人分享。這個工作需要有人走到前面，需要有人留在中層，也需要有人在後面從事內部的工作。每個人不管在哪個位置都不計較，因為每個位置都需要扮演好自己的角色。此外，每個人也要清楚自己的能力，覺得自己在哪方面可以做得很好，例如有的人很會設計，有的人很會做宣傳，那麼就往各自擅長的方向努力做好它，至於口才很好的人，就可以走到前面，從事第一線的弘法工作。

那些從事中層與內部工作的人，他們做的事是很辛苦的，所以一定要做得很歡喜。這歡喜怎麼來的？必然是體驗到佛法的好、禪修的樂，為了分享這喜樂才願意做那麼多的事。在禪修通往開悟究竟樂的過程中，其實都是常樂我淨的，不管在哪個位置上，也不管開悟與否，我們的責任就是要把佛法與禪修的好介紹給更多的人。為了實踐這點，就需要各種角色與行動，所以不管我在哪個位置，都能夠歡喜地完成，因為我知道當我在工作時，就能夠和他人分享佛法與禪修的好，即便未必是第一線的工作，但因為承擔的是其中一部分，只要把它做好，並且是歡喜地做，眾生就必能得益與受用。這就是中國禪法的一種運作。

所以，現在輪到我們來打坐，就要把握禪坐的機會，從當中體驗禪修與佛法的好，再將其帶回現實生活中運作。不管我們在哪個位置都要盡責努力，如此就能把佛法與禪修的好，分享給更多人。而通過這個過程，我們才有可能開悟。

為弘法利生而努力

通往開悟的過程中，我們不斷自覺並發揮自己的能力，為弘法利生而努力。即便有時分派給你的工作任務並非你所擅長的，也沒有關係，雖然一時間無法發揮你的長處，你還是可以用歡喜、快樂與禪修的心在此學習。假如交代給你不會做的事時，要怎麼處理呢？就說「我不會」嗎？這樣你就完了；不會，學就對啦！「我會學」，這就是禪。只要你願意抱持學習的態度，不管把你放在哪個位置，都會做得很好。

中國禪法的完整性，即是它從未離開我們的生活，能直接讓我們從生活中去體驗與展現。這就是禪的精神。

〈第十一講〉

開悟要破我見、證空性

「開悟」一詞，一般多稱為「覺悟」，大多為禪宗所用。從佛法修行的角度而言，我們本來就是要開悟，方能解脫，可以說，開悟是很重要的根本。

開悟典故出自《法華經》

開悟這個名相的應用，典出自《法華經》。《法華經》是中國佛教非常重要的一部經典，故有「經中之王」之稱。雖然華嚴宗稱《華嚴經》才是經中之王，不過因為《法華經》是天台宗所依的經典，天台宗亦名為為法華宗，故將其稱為「經中之王」，以表《法華經》在天台宗的獨尊地位。

天台宗以《法華經》為圓頓教的教理教學，在《六祖壇經》中曾提及，法達法師雖然念了《法華經》多年，但是不知道《法華經》究竟在講些什麼，於是他把《法華經》念給不識字的惠能大師聽，六祖聽了後，便告訴他《法華經》的中心思想。天台宗亦提到《法華經》最主要的中心思想，就在〈方便品〉與〈如來壽量品〉。

當初佛陀宣講《法華經》，並非立即就開講，相傳舍利弗向佛陀請法，佛陀先是默然了一陣，後來又經過兩、三回請法，佛陀還是先講「法華三經」中的《無量義經》，後來有五千位弟子離開了，佛陀見時機成熟，這才宣講《法華經》。佛說《法華經》是大法，小根小機的人聽了會害怕，甚或毀謗，故待他們退席了才說。

《法華經》有很多譬喻，而所有的譬喻都在傳達一個重要的訊息，即佛的知見，也就是佛覺悟到了什麼。經中有一句非常重要的話：「諸佛以一大事因緣故，出現於世。」佛為什麼要出現世間呢？為了開佛知見、示佛知見、悟佛知見與入佛知見。所以我們稱說法為「開示」，在此禪修是為了「開悟」，開悟就是從佛開示的知見，悟入到佛的知見，所有大乘經典皆據此展開。

每一個修行次第，都有一個中心，即其所依最重要的原理。太虛大師建立了五乘三個層次：人乘、天乘、聲聞乘、緣覺乘和菩薩乘，與大乘三個系統：五乘共法、三乘共法、大乘不共法——法相唯識學、法性空慧學、法界圓覺學三大系，這個系統雖是太虛大師所建，但他並沒有講得很完備，後來印順導師也針對佛教做出了判攝，即性空唯名系、虛妄唯識系，與真常唯心系，此判攝和太虛大師的不同之處，在於太虛大師的判攝是以中國佛教為本位，印順導師則是以印度佛教為本位，所以太虛大師判攝法界圓覺學是圓融的圓教，印順導師的判攝則以中觀為究竟。兩人的判攝雖有不同，但還是有一些共通之處，例如他們都參考宗喀巴大師所建設的從下士法、中士法，到上士法綜貫成佛的菩提道次第。

所謂的圓教，在中國佛教裡是最重要的。天台宗的判攝是「藏通別圓」四教，爾後華嚴宗在開展期間，由於此時禪宗已有一定的宣揚，故再加上頓，即「小始終頓圓」。關於天台四教的建立，可見於天台智者大師所著的《禪波羅蜜》，依中觀，即龍樹菩薩系統的「四料簡」（或稱「四句義」），是以「有／無／亦有亦無／非有非無」來說明法的層次。這樣的說法為智者大師充分地運用，但他是依印度的禪法建立系統，所以他把第二、三層次對調，而做出了「有／亦有亦無／無／非有非無」的判攝，故《禪波羅蜜》中的禪四層次，是「世間禪／亦世間亦出世間禪／出世間禪／非世間非出世間禪」。

在《禪波羅蜜》中，智者大師講了前兩個系統，第三個系統出世間禪只講到四禪八定裡的解脫法，故有所謂的八背捨、八解脫，講到這裡第七章還沒結束，但他的講解就結束了，所以包括四聖諦、十二因緣等理的部分就都未提及。據說他的教理開示，都是在結夏安居的九十天裡所講，於此之後，他在天台山隱居，被請出山後，於玉泉寺說《法華經》，在九十天內，只說了一個妙字，就集成了一部《法華玄義》，這就是所謂的「九句說妙」。

《法華玄義》與《法華文句》我沒有研讀，至於《禪波羅蜜》與《摩訶止觀》，智者大師都是只講到第七章，應該兩者都是在九十天裡的開示，所以能講述的多寡也差不多。結構上，《摩訶止觀》和《禪波羅蜜》也相似，都是在第一章就把整體綱要全部講完，所以《摩訶止觀》第八、九、十章的內容，有很多在初章就說明了，不過說明的只是大綱，沒有詳細的內容。《禪波羅蜜》也是如此，整個系統從世間禪到非世間非出世間禪在一開始就建立好了，至於第八、九、十章，則是在講述包括證果等與禪四層次相關的內容。

智者大師的判教方式，與他針對教理的判攝，根據的都是「藏通別圓」的化法四教。「藏」即小乘教，「通」是亦小乘亦大乘，「別」為大乘教，「圓」則是圓教，即非大乘非小乘，因為他這樣的判攝，所以《法華經》就成了他據以為中心，建設起整體佛教觀的經王了。

《法華經》屬於初期的經典，初期經典有個特色，即三乘都是究竟的。爾後《華嚴經》出現，它的發展就是愈編愈大部。以早期《大智度論》的十地思想為例，其出處為《十地經》，《十地經》基本上就是《華嚴經》裡的十地，內容不是太多，後來《十地經》集入《華嚴經》，稱為〈十地品〉，於此同時，《華嚴經》也逐漸發展為《六十華嚴》、《八十華嚴》，以及專講〈普賢行願品〉的《四十華嚴》。當《華嚴經》發展成這麼龐大的系統後，即可發現，它對小乘教的態度就轉為比較貶低，當然這也反映了當時教理相互辯論與批判的過程。

和《華嚴經》不同的是，《法華經》後期沒有再發展，所以鳩摩羅什漢譯的版本，就是我們現在看到的版本，雖然還有其他不同的版本，但總地來說仍是以羅什大師的版本為主。在《法華經》中，我們可以清楚看到，三乘都是究竟的，至於經典所講的三乘「聲聞乘／緣覺乘／菩薩乘」（不是現在所講的三乘「大乘／小乘／金剛乘」），代表的是三種不同的修行程度，佛陀在《法華經》中做了很多譬喻，這些譬喻如前所言，都是在表達一個很簡單的中心思想，即佛的知見，所有的譬喻都是要引導我們入佛、悟佛的知見。佛說聲聞教比較不究竟，而為了讓人清楚這個不究竟的情況，佛會用譬喻來說明，至於如何能到更究竟圓滿的佛地去呢？佛又用了一個譬喻，即化城喻：一群商人要去尋寶，走到半路累得受不了，領頭的商主因為有神通，他就化了一座城，讓大家進去休息，休息得差不多了，當中卻有人不想再走，於是商主告訴他們，現在是半路，我們雖然還有一段路要走，但大家都經過了休息、補充體力，精神都恢復，也有了力量，同時還補足了食糧，所有的基本問題都解決了，就該再繼續啟程，如此才能到達真正的目的地。這就是佛的知見，用譬喻說明修行要以到達佛國為目標。

《法華經》三乘究竟的觀點是，不論聲聞、緣覺或菩薩，他們所覺悟到的，以及所證的果位，本質上是相同的。不過，大家雖然都見到了空、無我，但在量上則有大小。聲聞證到的空，好比從窗口看天空，雖然見到了天空，但有窗口的限制；緣覺好比在門口看天空，看到的天空就大多了；至於菩薩則是走出去在曠野看天空，三者看到的都是同樣的空，但視野和角度就有很大的不同。所以三乘都是究竟，不過待在屋子裡的人，還是要走到外面來，不能整天躲在屋子裡，以窗窺天。

另外，還有一個火宅喻說：眾生在三界火宅裡，像孩子似地玩得很開心，佛陀則像個家長，看得好著急，心想大家怎麼還不出來，於是告訴大家：「外頭羊車、鹿車，還有牛車都來了，可以任大家遊戲，你們快出來喔！」小朋友聽到有車可玩，就開心地走出來，離開了火宅。出來後，佛只給他們一種牛車，因為這輛車可以載很多人，譬喻唯佛一乘的大白牛車，那就是佛所教的菩薩法。

火宅喻也是佛的知見，我們要悟入的，正是佛的知見。所以智者大師以《法華經》為圓教，因為它真的可以說是非小乘、非大乘，含攝了大、小二乘，又超越它們，也因此，天台宗將《法華經》判攝為教典裡最圓融的經典，故稱經王。至於為什麼天台宗沒有將卷帙浩繁的《華嚴經》判為最圓融的經典呢？事實上，《華嚴經》也是圓教，但《華嚴經》講的大乘，是別教裡的大乘，換言之，它是以大乘佛教來講圓教，所以含攝的範圍（小乘／亦小乘、亦大乘／大乘）不夠廣；而《法華經》依智者大師的判攝，含攝的範圍則擴及至非小乘、非大乘，所以說，《華嚴經》是別教裡的圓教，也就是大乘裡的圓教，但它不是非小乘、非大乘，因此，含攝了天台四教的《法華經》，被認為是最圓融的經中之王。

三乘終將歸於大乘，入佛知見

話說回來，我們修學最重要的還是要悟入佛的知見。所謂開悟是什麼？悟到佛的知見。至於佛的知見是什麼？大乘經典都有說明。太虛大師判攝法界圓覺，所以圓覺就是圓教，這就回到了中國佛教的本位，不管天台亦或華嚴，都屬圓教；至於印順導師則判中觀為究竟，他認為大乘佛教裡，空是最究竟了義的，所以兩人是基於兩個不同的本位，做出判攝，不過他們在講大乘佛教的中心時，都提到了一個觀念，即眾生皆有佛性。佛為什麼要開示他的知見呢？因為眾生都有佛性。三乘所有的修行，最終一定要歸於大乘，歸於圓乘，即是由於眾生皆有佛性之故。

傳統經典的觀念認為，小乘證到阿羅漢果位，即是究竟；可是從大乘的角度，認為這樣並不圓滿，因為即使個人生死已了，但若未達到佛的圓滿功德，就是不圓滿。所以《法華經》中，佛為他的聲聞弟子授記成佛，表示所有的聲聞弟子，都要繼續修大乘，直至最後圓滿佛果。這樣的說法，說明修行得證，開佛、悟佛知見，就是見到了佛性。一切眾生皆有佛性，這就是大乘佛教。

至於就三乘佛教的觀點，它沒有講到佛性，只講到解脫分，一切眾生都能解脫，都有解脫的能力。但不管如何修行，說空、說聲聞緣覺的解脫也好，講佛的圓滿功德也好，它們都有一個相同的中心：無我。所以佛法的三法印，無我是中心，講空就是在講無我，講解脫也是，講圓滿證得佛果亦然。只要能破我見、證無我、見空性（大乘佛教則是說見佛性），就是根本的開悟。換言之，開悟是以佛法為中心的修行，透過方法達到的成果，假如我們修行，沒有證到空性，沒有見到無我，沒有破我見的話，那就不是佛法所說的開悟。

方才提到智者大師沒把《禪波羅蜜》與《摩訶止觀》講完，不過《小止觀》和《六妙門》則是十章都講完了，第十章講的就是證果。《小止觀》用天台宗的三智：聲聞緣覺之智（空觀）、菩薩之智（假觀）、佛智（中觀），來說明所證到的果位，只要證到空慧，就能解脫個人的生死，就能說是完成了開悟的目標。但大乘佛教認為這樣還不夠，所以要由假的智慧，從假入空，最後才是中道。修行即是依次第證得「假、空、中」三種智慧，也就是三種不同層次的果報，而重心則在於證到無我空慧。所以修行就是要見到無我，這點很重要。

本來面目，即空性，即佛性

同樣地，我們修話頭，修到破參，見到的本來面目，就是空性，也就是佛性。這個境界用文字表述，即是「般若入畢竟空，滅諸戲論」一句話都不能說，「言語道斷，心行處滅」，這才是見到空、破了我。人的慣性，是依「我」才得以生存，現在把「我」完全打破，所有依我而有的種種知見與作用，此時俱滅。「滅」是心的智慧，是一種觀念與知見，也可說是一種破解。當我們抱持一種錯誤的知見，它所引發的，將是一連串的問題，而這個錯誤知見是什麼呢？就是「我」。回溯世尊住世的時代，當時印度所有的宗教修行，都在「我」裡面打轉，佛陀之所以想離開他的老師，就是因為老師都在講我，佛陀即使跟他們學習，已入到了非想非非想定，但還是無法解脫，後來他觀生死輪迴之鏈，這才發現，原來所有的問題，都在於執有一個恆常不變的「我」，打破這個我見，生死的鎖鍊就斷了。

佛陀因為觀十二緣起，而破了我見。「我見」的問題在哪裡呢？這要從無明談起。所謂的無明，指的是我們自無始以來，就抱持「我」這個錯誤知見，甚至認為是因為有「我」才能夠輪迴，也因此，我們就真的陷入了輪迴，無有出期，一旦破了我見，輪迴的鎖鍊就斷了，無明就滅了，爾後行滅，乃至後面的識、名色等純大苦聚俱滅。所以重點是破無明。

無明是什麼呢？就是我見、我愛、我慢、我癡、……，都是以「我」為中心。其中，根本是我見。我見是知見、理解及思想上的錯誤，這是最根本的。另一種無明是無知，即我癡。這也是一種愚癡、無明的狀態，也就是所謂的「無記」。所以為什麼打坐不可掉入無記，因為一旦掉入無記，就進到我癡的狀態而不能解脫。

「我見」是理性、理智上的迷惑，一旦有這種迷惑，就會引發我癡、我愛等情感、情緒上的迷惑，因而產生染著的心（愛、取、有）。有了染著的心，人就會想要追逐或抗拒，如此顯現出來的是貪與瞋的煩惱。有「我愛」，接下來就會有「我慢」。我慢是意志上的迷惑，要把所有的東西區分高下，實際上，與我慢一體兩面的，即是自卑感。同樣地，情感上的迷惑，一旦有愛，就一定有恨，有貪，一定有瞋，這些迷惑都是一體兩面的。因為一旦有了「我愛」的心，也就是說，為愛染所染著的心，它所顯現的，一定是「我想要這個，我討厭那個」的對立，想要的就追逐，討厭的就抗拒，至於為什麼會討厭那個呢？因為有一個我想要的這個，兩者形成表面上的對立。究其實，不論是喜歡的或是討厭的感受，都是同一種心理的運作，而這種運作的根本，就是「我」。一旦有我見，所有問題便隨之而生。

轉迷為悟破我見

至於破我見，就是在理性上從迷惑轉為開悟之時。《六祖壇經》中清楚點明，所有一切，都視乎於人一念的迷悟之間而已。迷，所有的現象皆顯現；悟，所有的現象都是空。空不是沒有的空，而是指它的本性為空。我們現在都在作夢，都在迷中，所以「夢裡明明有六趣，覺後空空無大千」，永嘉大師的〈證道歌〉，把這個真相給說破了！而《六祖壇經》則是直接告訴我們，只有一念迷與一念悟而已。一念悟了，所有的一切言論，都是多餘的，那時你就自然會知道，並且沒有任何的執著；但你現在還是有我見，因為仍在迷的狀態中，所以所有佛法的修行，都是要讓人轉迷為悟，例如唯識學，其中一個用功的方法，就是轉化，轉染成淨。

一開始提到的「開、示、悟、入」，所謂的「悟、入」，在悟的當下，一般是頓悟，也就是在剎那間見道了。所以悟的過程，往往只在一念之間。我們執著「我」，迷了那麼久，簡直是久到沒辦法形容，而悟卻是在一念間，只要一念發現到，原來「我」是空的、是無的，所有的錯誤知見便脫落了。我們現在以我執為中心，所有的雜染圍著它而有，禪宗頓悟的方法，就是直接破我見，我見一破，中心就破，破了之後，所有包圍著它的這些雜染雖然還在，不過因為中心已破，空了，周圍的雜染便會自然瓦解，悟後修就是這樣的過程。

由上述可知，禪宗的方法是單刀直入，直接切入，馬上見到無我，是很猛厲的方法，至於話頭，則是幫我們一直切進去。我們因為有疑情，想知道「我」到底是誰？本來面目是什麼？所以一直往裡面參，直至破參。破了參，並不是有了答案，一旦有答案就有問題，因為答案就是據「我」而來，既然破了「我」，哪來的答案呢？見到了空，滅諸戲論，還有什麼可說的？但是雖不可說，還是得說，因為開悟者回到了現實後，所有一切外在的因緣都還在，換言之，破了我見，不是人就不見了、沒了、死了，或是變成另一種物體，或是成了一種飄飄渺渺的存在。

很多修行人不敢證無我，以為無我就是這樣的一種狀態，那表示他還執著一個我。緊抓著一個我在修行，這種人很難開悟的。既然無我了，那是誰在輪迴呢？是我在輪迴嗎？都無我了還管誰在輪迴！無我了還管誰開悟！一旦想著還有一個我要開悟，或是輪迴，這些通通又掉回了我見。

所以開悟是要破我見，它不是發生一件什麼了不得的事，或是人突然變了一個樣，而是我們在理性上見到了真相。在現實生活中，也有類似的例子，例如有個「兩個蘋果」的故事：一個小女孩得到了兩個蘋果，好開心，媽媽說既然妳有兩顆，那麼一顆給我吧，小女孩一聽，先是咬了這顆蘋果一口，再咬了另一顆蘋果一口，媽媽見狀心想：「這孩子要什麼我都給她，現在只是跟她要顆蘋果，她竟然這樣做！兩顆都咬一口，分明就是不想給我。」就在當媽媽一股火上來，要發火之際，小女孩把其中一顆遞給媽媽說：「這顆比較甜，給媽媽吃。」諸位設想這位媽媽的情緒，必定是經歷了一個突變，從原本低落到要發火的情緒，一下子又陡升到不可收拾，感動得不得了。這就是開悟的過程，也就是一念之間。當這位媽媽看清楚了實相，了解到是怎麼一回事，整個結局就不一樣了；假如這位媽媽動作快，一巴掌下去，那就糟了，這下子迷了，沒辦法悟了，而小女孩如果被打，她還能說什麼嗎？大概是沒辦法了，因為一巴掌下去，接著就可能是第二個巴掌，或是挨了一頓罵，即使小女孩終究說明了原委，也來不及了，因為兩造都造了業。所以，所謂的悟，就是見到真相，在那一剎那、一念之間見到了真相，煩惱便旋即脫落，所有的情緒，即使前一刻還像那位媽媽一樣，感到非常生氣、委屈，情緒非常低落，但只要一見到了真相，情況就會完全丕變，那當下的感受還能用言語來形容嗎？大概就是緊緊地抱著女兒，感動不已，如此罷了，很簡單的。

突破性的開悟

開悟其實就是上述這樣的過程，這樣的事常常會發生，從廣義來說，開悟並非一定要破我見，破我見是依佛法為修行中心的開悟，是狹義的、完全歸佛法的，至於廣義的開悟，是指我們每天日常生活中，所發生的事讓我們開悟。

我們可以說都是開悟的人，因為我們選擇了出家，這就是一個開悟。為什麼要出家？可能有人認為我們是因為感情因素，或是遭遇種種負面的問題，才選擇出家，但不論原因為何，甚至你真的是因為感情因素才出家也無妨，因為在你選擇出家的那當下，就是開悟，雖然這個選擇未必正確，但做出這決定的剎那，你知道愛情是虛幻的、空的、不可靠的，至少當時是這麼想，才會出家。也許一陣子後，你又遇到了讓你想回去的另一半，又迷了，但即便如此，當初動了出家這一念的剎那，你必是經歷了一個相當大的突變過程。

留心觀察便會發現，生活中很多事發生的當下，都有可能讓我們開悟。在我們修學的過程裡，其實都經歷了很多階段的轉折，有時是因為一些事的發生，有時則是自己內在的知見與智慧，使我們做出了一些判斷與決定，呈現出來的就可能是一個很大的轉折。這就是廣義的開悟。從這樣的角度來看，諸位都開悟了，否則不會來出家。從在家決定出家，這就是一個轉折，包括剛才提到，因感情因素而出家的也是如此，因為一念覺，讓他覺得出家可以幫助他解決人生的問題，儘管因為觀念上的偏差，讓他悟得太淺，以致很可能之後又被迷所掩蓋，但決定出家的當下，就是個轉折，就是一念覺。在禪宗的修行上，我們也講一念覺。一念覺就悟了，所以迷與悟是一念之間。念佛法門亦然，念佛時，念念佛即是念念覺。

在生命整體的旅程中，我們真的是一段、一段地走，有些人可能在這個過程中，都是無明愚癡地走著，沒什麼轉折；但從佛法的角度，轉折是一定有的，因為一切眾生皆有佛性，而佛性最根本的作用，就是覺悟，也就是自覺。例如在座中有些人出家是因為疑情而來，轉過了一念又一念，最後選擇出家這條路。此外，在學習禪修的過程裡，也有些同學發現禪修真的太重要了，這可能是因為你有過一些經驗，而有了這樣的體悟，覺得非繼續用功下去不可，於是會想各種方法讓自己持續用功。在此之前，你可能是隨著課程或是僧團的安排才來禪修的，直到發現禪修的重要，此後你來禪修，就不是由於外在的規定與安排，而是發自內心的嚮往，知道自己一定要禪修。從被動到主動，這就是一個轉折。

至於悟，有漸悟與頓悟之別。禪宗講的頓悟，是單刀直入，直接戳破我見，爾後再來整頓各種雜染，即悟後修，這是頓悟法門中的一種方便。而傳統漸悟漸修的方法，注重的是「時時勤拂拭，莫使惹塵埃」，每天都在用功，直到最後把塵埃全部清除了，清淨本性即可顯現。所以傳統修學上的止觀運作，是先止後觀，觀什麼呢？從觀無常到觀無我，爾後生滅滅已，寂滅為樂，這就證得了涅槃的寂滅。所以最終還是要破我見，不過在修學的過程中，漸修是帶有思惟與觀想的，一層層逐步剖析，到最後發現果然是空。觀的過程，好比是剝洋蔥，還有香蕉樹也是如此，把它們一層又一層地剝開，剝到最後，會發現是空的。同理，把心的功能一層層剝開，到最後即是我無。這些都屬於漸修的方便善巧。

根本的悟是破我見、證空性

至於根本的悟，則是破我見，證無我空性。所以開佛、示佛知見，讓我們悟佛、入佛知見，而佛的知見是什麼呢？就是空、無我。如果用功修行最後能見到根本知見，就是開悟。回歸我們個人的修行，過程中實則已經歷了許多漸修、漸悟的轉折，例如選擇出家用功，以及選擇用什麼方法用功，整個過程都是一個階段、一個階段的轉折，可能有些同學用的是中國禪法，有些同學用的是南傳的傳統禪法，但不管方法為何，我們都有共同的目標：破我見、證空性，也就是開悟。

清楚了這一點，大家就知道，從廣義上來說，我們都經歷了很多的悟，所以諸位要有信心，在通往究竟悟的路途上，一定是樂的，因為整個修行過程，就是不斷地悟——漸修漸悟，直至最終頓悟無我。頓悟無我了之後，接下來還有事嗎？有。「入畢竟空，滅諸戲論」，然後「出畢竟空」，就要「莊嚴國土，成熟眾生」。所以，即使是究竟悟，也仍是一個過程，而不是停頓，滯留在某一個境界上。

很多人以為修行開悟後，從此就停頓下來，過著幸福快樂的日子，還有人以為，往生西方極樂世界，就能在那裡養老，從此過著幸福快樂的日子。這些都是錯覺。我們去淨土做什麼？進大學院修學；我們在這裡做什麼？進大學院修學。聖嚴師父的理想，人間就是淨土，我們來這裡就是要來修行、來學習的，不論是完成了學習，或是仍在學習的過程中，我們都有責任，要去幫助眾生，對於這一點，在我們修行的每個階段，都要時時銘記。

所以各位請繼續用功，繼續悟吧！

〈第十二講〉

掌握佛法原理如實修

在學習的歷程與人生的道路上，每個階段都有不同的轉折，有時這些轉折會帶來一種體會或一種悟境，有時這些轉折則帶來人生大突破。套用世俗的說法，就是「開竅」。好比有個人本來比較笨拙，突然變得很聰明，我們就會說他「開竅」了。

從廣義上而言，各位都開悟了。因為會出家就是開竅，沒有開竅就不可能出家。對我們來說，這是一個很正常的歷程，假如我們的人生，乃至於學習的過程裡，沒有產生一些有別於世俗的體會，沒有產生一些轉折與突破，我們的人生，就可能變成一種看似完全沒有進度的現象；但因為我們悟了、出家了，所以我們不斷地在學習與成長。透過佛法的實際修學，我們經常有不同的體會，讀了一部經典，或是看了一本佛書後，就能從中得到一些體會，甚至領悟。

根本開悟，解脫生死

這些體會與領悟，有些是來自於他人的知識、理解與智慧，有些則來自於我們所閱讀的經律論典，這當中有許多是佛陀與歷代祖師們以文字表達的悟境，我們也能透過閱讀有所悟。所以有些人在讀禪宗的公案、話頭時，會有很深、很親切地體會，覺得當中所寫的被很精準地道出，正是他心所想的。其實我們都有類似的經驗，心裡有了一些體會，可是就是講不出來，忽然聽到有個人講了一句話，發現：「這不就是我想講的嗎？」閱讀也常有類似的情形，讀到某句話，發現正是我們心裡所領會到的。類似這樣的經驗，可以引發學習的興趣，讓人得以充滿力量地不斷學習、不斷成長、不斷地有所領會。有些領會得深，甚至可能為人生帶來很大的改變。

出家是一個很大的轉變，從在家的生活，轉為出家的生活，相信諸位在這個過程裡，都有一些體會，因為它真的是一個很大的不同。諸位出家前，不知道它會帶來很大的改變嗎？當然知道，那為什麼你還要出家呢？因為心有所悟、有所體會。可能是你在生活，乃至於佛法的學習中發現，自己就是要走這條路。由此可見，學習的過程，就是不斷地小悟大悟的過程。佛法告訴我們的是究竟的、根本的悟，這種悟是一種「質變」的過程，至於我們現在的悟，都是一種「量變」的過程，當然這當中也有某種程度的質變，凡質變就是一個很大的變化，而根本的開悟，就是完全質變，也就是從生死流轉，變為解脫生死，不再流轉。

要達到究竟開悟的完全質變，過程中需要許多量變的力量，因為完全質變不會是突然說變就變，而是有一個不斷推進的力量在。觀察現實生活也是如此，例如要將物質轉化為能量，過程中就必須有一種促發它作用的力量在，高端科技的例子就是將火箭發射到外太空，它是一個質變的過程，所需的能量如果少了，會衝不出去，要是多了，又衝過頭，也會出問題，所以一定是相應的能量，才能成功發射。現在有很多科學家，都在研究相關的能量運作與轉換，所以每一次火箭成功發射，往往同時展現了當代的重大發明與科學突破。

上述是就物質的現象而言，至於心理的現象及其作用，也有類似的過程，這個過程一方面可見能量的凝聚，再者，這個凝聚過程必然有其依據。人與動物最大的不同，在於懂得將物質轉化為能量。幾千萬年來，人類和許多動物共住於這個星球，其他動物的生活沒有什麼改變，但人類的生活則是改變太大了！這正是因為我們懂得運用能量。最主要的一項就是用火，在人類懂得用火之時，我們就脫離了動物的行列。一般動物遇到火，只知道逃避、跑開，而人類遇到火，當然有些時候也是要趕緊跑開，但我們還知道如何把火轉化為其他的能量，正如我們現在所見的各種能量運用型態，包括核能的運作，這些都是能量不斷轉化為各種形式的結果。

掌握修行的原理

在不斷轉化的過程中，一定要有個理，以用火為例，就要掌握其物理原理，否則就無法使用它。剛開始用火，可能只是單純地使用它，逐漸地，人類開始設法轉化火的性質，以獲得更好地運用，這時就需要了解火的原理，例如怎麼取火、怎麼保存火。原始人時代取火不易，一旦取得了火，便一定設法將之保存，這一方面也是因為人類在脫離動物的過程中，很多防禦的能力也失去了，故必須借助外在的力量以保存自我。火既可保溫，又可將生食煮成熟食，是人類很重要的能量來源，所以我們說「薪火相傳」，文化與文明的傳承，就像一把火要在點燃了之後，不斷傳下去。要做到如此，就要懂得它的原理，這便是人類獨有的智慧。

回到禪修上，也是如此。禪修過程中內在質變的轉化，我們要了解它的原理，因為我們之所以投入整個身心的力量，努力用功修行，就是為了印證這個原理，讓究竟質變得以發生，我們現在在此禪修，正是在從事這個工作；可是很多時候我們的用功只是不斷地凝聚力量，卻沒有把握好原理，這就好比不斷地蒐集、保存火，可是不懂火的原理，不懂如何控制它，那麼這把火就有可能變成一場火災。

因此，諸位修行一定要把握好原理。如果你修定修得很好，修到入深定了，但卻沒有把握好原理，你還是不能開悟；同樣地，假如你讀了很多書、懂了很多理，但卻沒有實際去用它，你也還是不能從中獲益。

在物理學領域，也有些人是專門發現理論或是印證理論的，他們的學術成就，甚至可以獲得諾貝爾獎，但不論是任何學術上的偉大發現，或是學習任何學問，都還是需要透過實踐去印證它。這好比諸位在學習的過程中，讀了很多經書，也都讀得懂，但若沒有結合身心的實修去印證，這些學習就無法發揮效果。

不過，畢竟佛法是心理不是物理，讀多了自然會產生一些熏習的作用。所以有些真正用功的人，他未必認為自己是在修行，但在研究佛法與佛學的過程中，因為用心投入，這種用心就能讓他在前人的智慧與悟境中，獲得很好的熏習，久而久之，他的心也可以得到一些受用。

觀察我們身邊一些佛教學者，他們未必禪修，也不一定有特別的修行方法，甚或沒有信仰宗教，但他們的修養都很好，這是因為他們長期研究經論與各種佛學著作，過程中，這些精純的智慧與語言文字，不斷熏入他們的心，轉化為他們的思想、觀念，也自然地影響了他們的行為，這當中即包含了實修的成分。不過這類的實修，還是和實際運用禪修有所不同，禪修的技巧，目的是為了凝聚心，讓心統一，如此方能獲得很穩定、安定的力量，這個力量能讓人體悟到究竟的原理，也就是開悟。

領悟佛的知見證空性

我們知道所謂的開悟，就是要悟到佛的知見。佛的知見是什麼呢？空、無常、無我。這些字眼說起來很簡單，一、兩個字而已，用巴利文或梵文發音，也是簡單幾個音節，然而多數人提及這些字眼，生起的感受往往傾向負面。例如一個人的死亡，我們會說「無常來了」，而且這個無常還有一黑一白，會把人的魂勾走。這個說法源於民間信仰，把無常的觀念鬼神化為傳說中的「黑白無常」，讓人一聽就覺得是很不好的事。

不過，即使是從理上講，還是很多人認為無常很消極，本來人生中充滿了各種理想、期待或抱負，但只要一說到無常，就覺得一切的作為都很沒有意思、沒有價值，因為無常不來還好，可是無常一來，人就死了，而人又終究一死，那又何必做那麼多呢？反正死了就什麼都沒了！這就是對無常的誤解。講到無我也是很多誤解，覺得無我就不得了，如果連「我」都不見了，那可怎麼辦才好！所以一聽到無我，就嚇得跑走。

佛陀住世時，為了讓世人理解因緣生、因緣滅的道理，而宣說無常、無我的三法印，爾後初期大乘佛教出現，再把三法印以一實相的「空」含攝之。所謂空無自性，究其實，三法印與空性講的是同樣的道理。佛說法四十九年，都在講緣起，講緣起的本性即無常、無我，有的弟子聽了因緣生、因緣滅，就開悟了，還有的弟子聽了而不悟，那怎麼辦呢？就要以種種的事相與道理，讓他們明白因緣生滅是什麼意思。

世間所有的因緣，都是相對的。在某一狀態為主要者，在另一狀態下，就成為次要的，主要與次要之間，彼此相互影響，並顯現為果報，也因為如此，所以沒有一個絕對的因、絕對的緣與絕對的果，因、緣、果就在不斷變化的過程中，無止息地運作著。當種種果報顯現之時，它當下又變成了因，開始另一段由因至果的過程，我們從中看見的是生生滅滅，了知它們是緣生緣滅，若能更深徹地體會到因緣運作的本性是不生不滅、即生即滅，我們就證得了究竟的真理。

諸位能看得這麼透徹嗎？如果還無法看透，那就需要有敏銳的心，直接見到所有現象變化的當下，都是因緣生、因緣滅。當我們體會到現象無常、無我的本性時，智慧便開始運作。換言之，此時已能透徹地、完全地了解因緣生滅之理，也因此心的能量，便能由自己全權主宰。

我們常說科學家最擅長掌握物質的原理，掌握了原理就能轉化物質嗎？不能。觀諸人的日常，大多是被物質所掌控，不能主宰，所以不自在；一旦覺悟了，人即得自在。所謂自在，指的是人可以完全從各種框限與纏縛（煩惱也稱為纏）等狀態中解脫，因為他開悟了，他完全了解究竟的原理，所以他能依原理運作，也因此他的心不再被各種現象所束縛，心也就能自己做主。這就是自在。

諸位要有所體會，就要對原理有一定的認識。佛陀說了那麼多的法，後來的弟子們將其結集成佛經，再編寫為論典，就是要把佛陀說的法，用他們的理解、體會與悟境，整理成書，以供後世更多的人學習。

佛法對機而說

至於佛說的法，是有針對性的，換言之，他是對機而說。所以，我們若是讀早期經典，甚或是大乘經典，都要先觀察佛的當機眾是誰，他們的根機如何。先前提到舍利弗三請佛陀宣講《法華經》，佛一開始默然不語，直到有一批弟子離開了，他才說法，這就表示《法華經》只適合對當時在場的眾生說。另外，佛陀說《阿彌陀經》時，特別強調十六羅漢，以及舍利弗與文殊菩薩，也是為了表明淨土的觀念與訊息，是要有智慧的人，才能聽懂、接受，同時凸顯這部經典的重要性。至於《金剛經》則是為須菩提而說，須菩提即是當機眾，另一方面，也只有解空第一的須菩提，才能提出經中所問的問題。同樣都是佛陀說法，《金剛經》講的是：「若以色見我，以音聲求我，是人行邪道，不能見如來。」至於《阿彌陀經》，佛則說：「執持名號，若一日、若二日、若三日、若四日、若五日、若六日、若七日，一心不亂，其人臨命終時，阿彌陀佛與諸聖眾，現在其前。」這兩種說法，在我們看來完全是兩件事，這就是佛陀在面對不同的聽眾時，了解到他們各有不同的根機，故要用與其相應、相契的說法，讓他們體悟佛的知見。

至於後世的論師們，則要將這些經典綜合、整理，讓同時代的人們更好地體悟佛法。這個工作到了中國，天台宗的智者大師，以及華嚴宗的法藏大師，他們都做了判教，這是因為中國本來就接受佛教的觀念，也認為所有的經典都是佛陀住世時所說，只是經典之間有些矛盾，例如有的經典說空，有的則說有，為了解決這個問題，就要建立一個哲學體系，這個體系就像一個架子，能夠把所有的經典適當地分類、擺放，如此就能解決所有的矛盾。在天台宗的判教裡，更進一步把修行分成很多層次，藏、通、別、圓的修行層次各不相同，如此分類是為了設法將佛陀的說法，從核心到與其相關的一切道理都講清楚。

把握修行核心，回到佛法原理

我們為什麼要學那麼多？就是為了要把握核心。此外，我們也發現，有些眾生，跟他說因緣生、因緣滅，他就能體悟寂滅為樂；可是有些眾生，跟他講同樣的道理，他聽不懂，那怎麼辦？就要講到他懂為止。我們在和他講這個道理時，我們是在室內，而他則還在室外，所以我們就要從門外將他接引進來，然後一步一步將他帶往禪堂打坐。

例如，來到法鼓山園區，我們可以先在三門接待他，再帶他去生命園區欣賞風景，然後走訪行願館（文物紀念品館），中午再到齋堂打齋，用過齋了再帶他到大殿禮佛，慢慢地再把他帶到選佛場來走走，順便教他簡單的打坐。這就是接引眾生的過程。有的人要他立即打坐，他會不敢來的，那就要帶領他逐步體會，體會到最後，他就能把握修行核心的原理。

法鼓山的修行核心，就是禪修。進來禪堂就是來禪修、打坐。有的人一聽到打坐就心生退卻，所以他要拜佛、要念佛、要誦經，要學很多其他的方法，他覺得那些方法也很好，所以可以不用打坐；但我們知道，一定要通過打坐，才能趣向解脫、開悟，所以無論如何，我們都要想辦法把那些人帶進來打坐，就看他的層次與程度，適合以什麼樣的方式來接引他。所以山上有很多不同的接引，例如大學院、慈善服務，還有針對青少年的接引，林林總總有很多善巧的方式，目的都是要先將大眾領進門，所謂「先以欲鉤牽」，不論用什麼方法，總之就是要把大眾帶進來禪修。

所有的學習，一定要回到最核心的原理。我們將大眾帶進禪堂打坐，正是因為禪修是我們的核心，不過剛進門時，即使知道禪修二字，卻不一定會用方法，也不一定了解它的整體。諸位剛學習打坐時，也有很多不懂的地方，所以要學很多方法、聽很多有關的道理，還要學規矩，這些都學完後，你們再打坐，那就是真正地打坐了，因為此時你已知道打坐的原則、應用的技巧，還能把握好身心整體地用功。

當你把打坐的原理和技巧都把握好了，禪修對你而言，就是一個既簡單又豐富、完整的概念；不過，對於還在禪修堂奧之外的大眾，你和他們說打坐有多好，他們既不能理解，也無法體會。至於身在堂奧之內的我們，通過自身的經驗，了解到禪修的學習，必然要經過許多循序累進的過程，同理，佛教思想之所以衍生出那麼多系統，也都是為了接引眾生，為了把佛陀的教法，通過不同的方式、技巧與方便，傳授予大眾。

由於眾生根性各不相同，有些人一聽到因緣生因緣滅、無常、無我、空，就契入了，有些人聽了則會罣礙、擔心，針對後者，我們就要跟他分析道理，這當中有的人因為條件不具足，聽了解釋後仍是似懂非懂，甚至對其中的某些觀念特別敏感、抗拒，這時就要告訴他一些方法，消解他抗拒的心。佛法是很寬廣的，能夠善巧運用，就能接引更多人入佛門。我們學過禪修的人，了解箇中道理，但不是每個人都如此，有些人一開始就是和禪修不相應，甚至不能接受，那也無妨，可以讓他先接觸其他方便的方法，最後再引導他學習禪修，通過這樣的善巧接引，過程中他都能聽得懂我們所說的法，這樣他就能循序地穩穩學佛、學禪修。

大乘三系各有善巧度眾生

再談到中國祖師大德們的判教。到了現代的印順導師，他判攝大乘三大系統中，講中觀的性空唯名系，最能夠透徹說明大乘的原理，故為究竟；但因為不是每個人都能夠直接聽空、證空，針對許多條件尚不具足的人，就可從虛妄唯識系切入，講述唯識的道理；還有的人一聽到無常、無我的觀念，就會擔心，甚至排斥，以為都「無」了要怎麼修行呢？那就可以從真常唯心系入手，對他講如來藏的觀念，從「有我」談起。

印順導師所做的判攝，有別於中國佛教以如來藏為究竟圓教的傳統，這是由於判攝角度的不同，但不論採取何種角度，根本來說都是針對眾生而做。至於中國傳統之所以依如來藏為本位，印順導師認為是因為一講空、無我，很多人就害怕地不敢學佛，既然如此，那麼就先講有，接引眾生入門，而講有的如來藏思想，本身其實也說得相當圓融，故細觀大乘三個系統，既是各有所長，也是各有不足。

諸位透過實修會發現，中觀所謂的觀空，一開始還真不知道要怎麼觀，不知從何下手；而唯識學的方法強調轉化，也就是「轉識成智」。事實上，識與智的功能是一樣的，只是一為雜染、一為清淨，雜染的識會造惡業，清淨的智則否，故智能解脫生死輪迴，所以修行就是要轉雜染的識為清淨的智。由此可知，識或智本身是存有功能的，這點就不同於中觀所謂的「入畢竟空，滅諸戲論」，彷彿什麼都沒有，這種說法在一般人是很難想像的，但換個說法，從唯識的角度，教導人如何將識轉化成智，智慧的功能仍在，但第八識已不叫阿賴耶識，而是轉成了大圓鏡智，前五識則轉成了成所作智，至於八識中，最先轉的是第六意識，轉成了妙觀察智，為什麼意識是最先轉的呢？因為在所有的心理功能裡，意識是最明顯、活躍且用得最多的，包括所有學習，所依的都是意識的功能，所以意識也是最早轉化的。

而所謂的妙觀察，就是觀察佛教導的道理，即一切法的本體，也就是清淨法界。清淨法界是無性、無相的，所以佛的法身不為人的肉眼所見，但佛為了要教導這個道理，故現為有相。包括經律論典在內所有文字、語言等有相的教育，稱為法界等流，意指它們是從清淨法界等流而出，佛法的學習就是要觀察這些教理，用以熏習自心。簡言之，對清淨法界的種種觀察，即是妙觀察，觀察得愈發透徹後，便會發現，原來第七識的四無記根——我見、我癡、我愛、我慢，會導致人產生不平等的心。因為我慢，就會有高下，就會對因緣生、因緣滅的道理產生疑惑，這是理性的迷惑，理性的迷惑會導致感性的迷惑，於是有分別心，有了分別高低，就會衍生種種造作。一旦入了妙觀察，便會發現原來一切是平等的，有了這樣的體悟，第七識末那識就會轉為平等性智，爾後再深入到第八識，發現第八識就像一面鏡子，於是第八識阿賴耶識轉成了大圓鏡智，修行能深徹到轉化第八識的程度，前五識便能轉化為方便度生的成所作智。

可見，轉識成智後，從前五識的成所作智到第八識的大圓鏡智，功能皆仍運作著，而非入了空後，心行處滅，言語道斷，滅諸戲論，什麼都沒有，什麼都空了，讓人不知怎麼辦才好。雖說還要出畢竟空，嚴土熟生，但如果連入畢竟空都弄不明白，哪還說得上出畢竟空呢？所以唯識依於有，教導人如何轉化，我們現在修的止觀，便是出自唯識的方法，再向上溯源，止觀是西北印度部派佛教傳統的修行法門，這個方法和原理，一般人比較能接受也聽得懂，聽懂後他們就願意來修行。

另一方面，如來藏思想強調一切眾生本具佛性，也是依於有而說，如此便可消解一般人聽到無我的觀念時，可能產生的害怕或排拒心理。眾生本具佛性的功德，即常樂我淨，這個說法可能讓聽者留下一個印象，以為有一個不變的我，如此就對佛法產生了誤解，或是認為其他的宗教也有類似的說法。一開始有這些誤解沒有關係，我們先將他引進門，然後再告訴他空如來藏、無我如來藏，進門後再對他講真如、講如來藏、講心本性清淨，如此修行就會有很具體的方向。既然心本性清淨，所以修行其實就是直接修我們的心，因為種種外在與現實生活的造作、雜染，這些都不是心本具的，而是我們附加上去的東西，所以都可以清理。這樣的說明，很具體地指出修行的方向與目標，故能讓行者更易於契入。

綜上所述即可發現，大乘三系各有各的善巧，都是為了相應眾生根性而說。唯識把世間各種現象解釋得清楚，爾後再說明如何轉化，之所以要講那麼多的世法，講得那麼繁瑣，是因為人本身太繁瑣了！世法的學問也是如此，要是不把它講清楚，一般人還真是弄不明白。我們看現代的心理分析，也分析得相當細，可見人的心理作用就是這麼地繁瑣，但不論心理作用如何繁瑣，重點是可以轉化。所有的惡心，相對的就是善心，貪、瞋、癡煩惱，相對的就是無貪、無瞋、無癡，所有的惡心所法，必有相對的善心所法，也就是用清淨法界的等流熏習我們的心，如此就能把貪、瞋、癡轉化為無貪、無瞋、無癡。這就是默照的方法。貪瞋心起，心一定不默，一定是上上下下地動，不斷地追逐或抗拒，不斷地產生對立；癡心生起，原因一是錯覺，二是無記，如此心就失去了照的作用。所以無貪、無瞋，心即平衡、平等，也就是默（定）；無癡就是照（慧），所謂的用功，就是這麼一回事。

以三法印的角度觀之，唯識回到無常的法印，特點是把極為繁瑣的心理作用解說地非常詳盡，目的在幫助心的轉化，轉化的過程中，唯識亦有其觀法，也就是默照（止觀）；至於中觀，則是回到法的中心，即無我的法印，也就是無自性，所以入畢竟空，滅諸戲論，什麼都不用說，全然以空為中心；至於所謂「生滅滅已，寂滅為樂」，寂滅即涅槃，涅槃寂靜就是修行所證得的果位，所以涅槃就是究竟的樂，證得涅槃即證得究竟的原理，這是如來藏的中心思想，所以如來藏是回到涅槃的法印，側重在果德，也就是證果的種種功德，即常樂我淨。

世間顯現的一切現象，一定是不淨、苦的，通過無常、無我的空觀將之洗淨，果德即可顯現，這就是常樂我淨。此淨和世間的不淨並非是相對的，之所以不相對，在於它是出自空的自性力量。因此，所有的方法又回到了空，而不同的系統，都是在幫助我們回到空這個原點。

當包括大乘三系在內的佛教各宗派形成後，彼此間出現一些法義上的論辯，是很正常的，有興趣的人，可以對此進行更深入的學習和研究，甚至親身參與論辯亦可。但類似這樣的論辯，假設是中觀辯贏了，學唯識的人也不會因此改學中觀，而唯識辯贏了，學如來藏的還是會繼續學如來藏，因為宗教學理上的論辯，辯輸辯贏對教派本身的影響不大，若是在早期印度，辯輸的人還要認辯贏的人做師父，甚至是把自己的頭給他，我們這裡不用這樣，辯輸了，表示自己的學藝不精，如果要認勝者為師也很好，因為別人確實比你精進，不過這是在教理的層次上，可以依博學者學習其他的宗派，但若是深入到修行的層面，則論辯輸贏基本上改變不了你既有的實修與所依的教理，因為那是你根據自身根性而選擇的法門與原理。所以實修還是最關鍵、最重要的，這就是為什麼歷史上開宗立派者，基本上都是禪師，他們都是從禪出教，爾後借教修禪、從禪出教，禪宗亦是如此。

引導人們認識空性

從上述說明，可見各系統間的差別，亦可見其統一性。這當中最重要的是，不管是哪一個系統，都是為了將學人帶入空的道理來。因此，大乘佛教一定講空，差別在於各系統所說的空，它的位置在哪裡。中觀系統把空放在最主要的位置，如來藏系統則是經過空之後，呈現出如來的功德，所以空的後面，還要有很充足、充實的功德，這些功德屬真常，故如來藏名為真常唯心系，重點在於闡述證得果位後所發揮的種種功德；至於中觀雖然只講空，但空了之後還是要出畢竟空，才能莊嚴國土、成熟眾生，這就需要功德，只是中觀思想不強調這部分，認為修行修到畢竟空即可，因為只要證得了空，自然會知道接下來該做什麼；但對於還未證空的人，他們不知道空了之後還能做什麼，甚至誤以為空了以後什麼都沒有，那就要跟他們談果德；還有些人不知道該如何轉化自己的煩惱，那就跟他們說唯識，教導他們唯識修行的方法。

總地來說，唯識和如來藏也講空性，但兩者的空和中觀的空最大的不同之處在於，唯識和如來藏的空不是徹底的空，轉識成智後，功能作用都在，同樣地，空如來藏裡還是有如來藏，所以唯識和如來藏稱為有宗，前者唯識後者唯心，至於中觀則是真正的空宗，只是這個空，很多人入了之後，就成了惡取空、斷滅空，或是掉入無記的空，所以修中觀的人，必須有很高的智慧，才能夠透入空，入了之後，還要有智慧出畢竟空，方能成就種種度眾的方便。

所以每一個系統，都有其優勢與不足，接引的眾生亦不相同。舉例來說，光是一個眾生皆有佛性的概念，三系就有不同的觀點，唯識學不強調一切眾生皆有佛性，認為這只是一種方便的說法，用以接引不定根性的眾生，使其趨向佛道，成就佛果；至於如來藏系統，則肯定一切眾生有佛性；而中觀系統，則是從緣起看佛性，認為不生不滅的空性，即是佛性。但不論何者，都要回到佛法的核心，也就是回到因緣生因緣滅、空、無我的思想。

修行是一個循序漸進的過程，剛開始學習時，用的是較傳統的方法，也就是斷煩惱證菩提：苦、集二諦斷了，即證滅、道；再來就要轉煩惱為菩提，因為煩惱不轉，它不會成菩提，這就是轉識成智；爾後是即煩惱、即菩提，接著非煩惱、非菩提，這就是中觀。所以三系都在告訴我們煩惱與菩提的關係，我們現在的心識是煩惱，若要證得阿耨多羅三藐三菩提，就必須覺悟，至於如何從煩惱到菩提？由此便衍生出各種不同的修行法門。所謂的開悟，要看所指稱的是哪種菩提而定，說斷煩惱證菩提也對，說轉煩惱為菩提也沒錯，說即煩惱即菩提、非煩惱非菩提也可以，只要能夠直接證入，就是正確的，重點是一定要把握好原理，現前對原理的把握到了什麼程度，我們就據此學習與之相應的系統。

還有一種學習，不依於特定系統，而是整體的學習。如印順導師所著的《成佛之道》，即是從一整體性的角度來看佛法。書中總論大乘佛法的根本觀念是佛性（種），接著談般若，則是判斷哪個系統能把佛性的道理講得最透徹，最後講菩薩道的修行次第：十信、十住、十行、十迴向、十地、等覺、妙覺，這部分比較接近如來藏系統，並含攝了《華嚴經》等大乘大部經典的觀念，所以是一個整體性的學習。

解行並重，踏實用功

諸位有很多的功課，是關於佛法原理的學習，除此之外，我們還要進禪堂實際禪修，因為我們目前的學習內容，很多都與禪修有關，這些學習會讓我們更清楚，禪修在做什麼，何以能通過禪修的方法，讓心不斷地凝聚、統一；另一方面，透過實修，我們能對原理有更透徹的了解與體會。原理和實修的相互印證，這就是通往究竟開悟的過程。

開悟後，斷了我見，證得了空性，這是心非常大的質變。其實視為質變，那是從禪修的角度而言，事實上，空性是我們本來具足的，只是當前的心所呈現的，是雜染的狀態，所以需要通過轉化的歷程，讓心產生質變，這就是修行最基本的原理。諸位只要把握好這個原理，就能掌握正確的修行方向和目標，通過實修，逐步地、循序地印證佛法的原理，最後就能完整的、透徹地印證，這就是開悟。

所以開悟你說它很難嗎？說難也不難，可是說容易也不容易，但不論如何，重點還是要回到每個人本身，踏實地用功。

（二〇一七年六月八日至二十二日法鼓山僧眾禪十四開示，講於法鼓山園區禪堂）

智慧人33

禪悟之道

The Path to Chan Enlightenment

著者	釋繼程
出版	法鼓文化
總監	釋果賢
總編輯	陳重光
編輯	張晴
封面設計	化外設計
內頁美編	小工
地址	臺北市北投區公館路186號5樓
電話	(02)2893-4646
傳真	(02)2896-0731
網址	http://www.ddc.com.tw
E-mail	market@ddc.com.tw
讀者服務專線	(02)2896-1600
初版一刷	2018年10月
建議售價	新臺幣360元
郵撥帳號	50013371
戶名	財團法人法鼓山文教基金會—法鼓文化
北美經銷處	紐約東初禪寺 Chan Meditation Center (New York, USA) Tel: (718)592-6593 Fax: (718)592-0717

法鼓文化

國家圖書館出版品預行編目資料

禪悟之道 / 釋繼程著. -- 初版. -- 臺北市 : 法鼓文化, 2018. 10

面； 公分

ISBN 978-957-598-791-6（平裝）

1.禪宗 2.佛教修持

226.65　　107014456